UNIVERSITÉ DE PARIS — FACULTÉ DE DROIT

LE DROIT ACTUEL DE LA GUERRE TERRESTRE ET LES CONFÉRENCES DE LA PAIX

THÈSE POUR LE DOCTORAT

Présentée et soutenue le lundi 2 Juin 1913 à 1 heure 1/2

PAR

le lieutenant BOUËDRON

DU 64e RÉGIMENT D'INFANTERIE

Président : M. RENAULT

Suffragants : MM. LARNAUDE, WEISS

PARIS

LIBRAIRIE NOUVELLE DE DROIT ET DE JURISPRUDENCE

ARTHUR ROUSSEAU ÉDITEUR

14, RUE SOUFFLOT ET RUE TOULLIER 13

1913

THÈSE

POUR LE DOCTORAT

La Faculté n'entend donner aucune approbation ni improbation aux opinions émises dans les thèses; ces opinions doivent être considérées comme propres à leurs auteurs.

UNIVERSITÉ DE PARIS — FACULTÉ DE DROIT

LE DROIT ACTUEL DE LA GUERRE TERRESTRE ET LES CONFÉRENCES DE LA PAIX

THÈSE POUR LE DOCTORAT

Présentée et soutenue le lundi 2 Juin 1913 à 1 heure 1/2

PAR

le lieutenant BOUËDRON

DU 64e RÉGIMENT D'INFANTERIE

Président : M. RENAULT

Suffragants : MM. LARNAUDE, WEISS

PARIS

LIBRAIRIE NOUVELLE DE DROIT ET DE JURISPRUDENCE

ARTHUR ROUSSEAU, ÉDITEUR

14, RUE SOUFFLOT ET RUE TOULLIER 13

1913

BIBLIOGRAPHIE

—

Actes de la Conférence de Bruxelles, librairie des publications législatives, Paris, 1874.

Actes et documents relatifs au programme de la Conférence de la Paix, publiés d'ordre du gouvernement, la Haye 1899.

Actes et documents de la 2me Conférence, 3 volumes publiés par les soins du ministre des affaires étrangères des Pays-Bas, La Haye, 1908-1909.

Annuaire de l'Institut de droit international de 1906.

Bluntschli : *Le droit international codifié.*
Considérations de droit international sur la guerre franco-allemande de 1870-71 ; articles publiés dans l'annuaire de la législation de Holtzendorff (Leipzig 1871).

Boidin Lt.: *Les Lois de la Guerre et les deux Conférences de la Haye, (1899-1907).*

Bray : *De l'occupation militaire en temps de guerre, ses effets sur les personnes et l'administration de la Justice, 1891*.

Brenet Lt.: *La France et l'Allemagne devant le droit international pendant les opérations militaires de la guerre de 1870-71*.

BUSTAMANTE (A. de) : *La seconde Conférence de la Paix réunie à la Haye en 1907.*

CARPENTIER : *Les Lois de la guerre continentale* (publication de la section historique du grand Etat-major allemand, 1902), Paris, 1904.

CH. GIRAUD : *Le Droit des gens et la guerre de la Prusse*, Revue des Deux-Mondes, février 1871.

GUELLE Cᵗ : *Précis des lois de la guerre*, Paris, 1884.

HEFFTER : *Le Droit international de l'Europe* annoté par Geffcken, traduit par Bergson.

HOLTZENDORFF : *Handbuch des Volkerrechts*, Berlin 1885. *Eléments de droit international public* (traduction Zographos 1891).

JACOMET Lᵗ : *Les lois de la guerre continentale. La guerre et les traités.*

KLEEN : *Lois et usages de la neutralité, d'après le droit international et coutumier des états civilisés*, Paris, 1898-1900.

KLUBER : *Droit des gens moderne de l'Europe*, 2ᵐᵉ édition 1874. Annotations de Ott.

G. de LAPRADELLE : *La Conférence de la paix (1900) La nouvelle conférence de la Haye*, Revue de Paris, 15 juin 1907.

Dans les coulisses de la première conférence de la Haye, Revue bleue, 15 juin 1907.

LEMONON : *La seconde conférence de La Paix, La Haye*, (Juin-octobre 1907), 2ᵉ édition 1912.

LIEBER : *Instructions de 1863 pour les armées en campa-*

gne des Etats-Unis d'Amérique (en annexe dans L. Renault, les deux Conférences de la paix).

Lœning : *L'administration de l'Alsace durant la guerre de 1870-71*. R. D. I. 1872.

Luca Lt : *Manuel de droit international à l'usage des officiers, 1911*.

Manuel de droit international à l'usage des officiers de l'armée de terre (3e édition 1884).

Manuel de l'Institut de droit international sur les lois de la guerre sur terre, Oxford, 1880.

Mariotti : *Du Droit des gens en temps de guerre.*

Mérignhac : *La Conférence internationale de la Paix, 1900.*

Lois et coutumes de la guerre sur terre, 1903.

Morin : *Les lois relatives à la guerre selon le droit des gens moderne, le droit public et le droit criminel des pays civilisés, 1872.*

Nagao-Ariga : *La guerre russo-japonaise au point de vue continental et le droit international, 1908.*

A. du Payrat : *Le prisonnier de guerre dans la guerre continentale.*

Charles Pont, Capo : *Les réquisitions militaires du temps de guerre.*

Pillet : *Le Droit de la Guerre.*

Les Lois actuelles de la guerre.

A. Rolin : *Rapport à l'Institut de droit international*, session d'Edimbourg, Annuaire t. XX, section de Gand, 1906, Annuaire t. XXI.

Rolin-Jaequemyns : *Chronique de la guerre franco-allemande*, R. D. I. 1870-71. Rapport à l'Institut de droit international, R. D. I. 1875 p. 447.

Romberg : *Des Belligérants et des prisonniers de guerre. — Belligérants blessés, prisonniers de guerre, 1898.*

Rouard de Card : *La guerre continentale et la propriété. Règlement du 21 mars 1893 sur les prisonniers de guerre.*

Général T. (1) : *L'Angleterre et les petits Etats à la conférence de Bruxelles.*

Valbert : *Les Conférences de Bruxelles et de Saint-Pétersbourg.* Revue des Deux-Mondes, Mars 1875.

Revues périodiques

Revue générale de droit international public.

Revue de droit international et de législation comparée.

Annuaire de l'Institut de droit international.

(1) Brialmont.

INTRODUCTION

CHAPITRE PREMIER

DE LA GUERRE

« La Guerre, dit Vattel, (1) est cet état dans lequel on « poursuit son droit par la force. » Et Calvo (2) la définit : « l'état d'hostilité substitué à la bonne harmonie de na- « tion à nation, ou entre citoyens (d'un même pays) « appartenant à des partis politiques différents, et qui a « pour objet de conquérir par la force des armes ce qu'on « n'a pu obtenir par des voies pacifiques et amicales ».

La guerre est un suprême appel à la violence pour trancher une difficulté que la diplomatie n'a pu résoudre. Son but légitime étant de briser la résistance de l'adversaire, non de l'exterminer, on ne doit infliger à ce dernier que le mal strictement nécessaire pour l'amener à composition. Trop longtemps, cependant, la pratique a méconnu ce principe de raison et d'humanité. Trop longtemps, la guerre

(1). VATTEL. — Le droit des gens ou principes de la loi naturelle appliqués à la conduite et aux affaires des nations et des souverains. Livre III. Ch. I. § 1.

(2). CALVO. — Droit international 4e édition, t. IV 1888 § 1865 p. 16-17.

donna licence à toutes les passions, les hommes rivalisèrent en cruauté, en férocité, n'acceptant que l'intérêt comme frein au pouvoir de la force. Les guerres de l'antiquité furent des luttes farouches de peuple à peuple, dans lesquelles la fortune, l'existence de tous étaient engagées. Femmes, enfants, vieillards étaient ennemis, sujets par suite à tous les hasards des combats. Rien n'était respecté à moins que l'intérêt particulier du vainqueur ne commandât quelques ménagements (1).

Le christianisme, au moyen âge, humanisa la guerre ; la chevalerie qu'il inspira prit en mains la cause du faible, accepta des principes d'humanité et d'honneur. Cependant la barbarie reprit souvent sa revanche, la Croisade contre les Albigeois, la guerre de Trente ans en sont des exemples. Mais ce déchaînement de toutes les passions mauvaises révolta les âmes d'élite; la morale, un instant oubliée, inspira les protestations généreuses d'écrivains qui osèrent blâmer leurs contemporains, et le plus célèbre d'entre eux, Hugo Grotius (2), proposa « de faire dans la guerre les affaires de la paix. »

Les mœurs grossières du moyen âge, puis le fanatisme religieux avaient été la source principale des horreurs des guerres passées. L'époque moderne, les luttes de religion terminées, allait-elle enfin assister à l'introduction de règles humanitaires marquant à la force des limites qu'elle

(1). Telle est l'origine de l'esclavage.

(2) Hugo Grotius. De jure belli, ac pacis.

devait respecter ? Le moment semblait propice, les guerres étaient devenues des conflits de souverain à souverain. Les peuples les subissaient, en étaient les victimes, mais le plus souvent n'y prenaient aucune part active ; indifférents à leur sort, comme un vil bétail ils passaient d'un maître à l'autre. Alors réellement la guerre était un rapport d'Etat à Etat. La haine patriotique n'aveuglait pas le soldat, soldat de métier que le loyalisme seul aurait dû guider. La guerre pouvait être circonscrite entre des belligérants nettement définis. L'habitant n'avait ni opinion, ni désir ; le plus souvent il ignorait tout du conflit, devait et pouvait rester hors de la lutte. Le droit pouvait donc s'interposer. La pratique de la guerre n'en subit pourtant aucune influence sérieuse ; aux horreurs des temps passés succèdent les horreurs des temps présents ; au sac de Magdebourg, l'incendie du Palatinat ; et, sans haine religieuse, Louis XIV donne la réplique au fanatisme de Tilly. Pratiques non seulement inhumaines, mais également funestes à qui les emploie, parce qu' « elles préparent des destructions futures par des destructions passées et achètent par les malheurs du présent les malheurs de l'avenir (1). »

Cependant la théorie des droits de la guerre s'échaffaudait peu à peu ; des règles unaninement admises constituèrent bientôt un droit coutumier dont certaines dispositions furent même introduites dans les règlements militaires de plusieurs Puissances.

(1) Benjamin Constant.

Mais « les dispositions à ce sujet étaient généralement « assez rares et assez brèves, parce que l'on comptait pour « les compléter sur l'esprit traditionnel des armées de « métier. Cela était insuffisant pour des armées improvi- « sées (1) » ; aussi les Instructions pour les armées en campagne, rédigées par Lieber, en 1863, lors de la guerre de Sécession, codifièrent les lois de la guerre. Mais rédigées par une Puissance pour ses propres troupes, elles ne pouvaient s'imposer aux autres Puissances qu'au point de vue moral. La Convention de Genève du 22 août 1864 pour la protection des malades et des blessés ; la déclaration de Saint-Pétersbourg du 11 décembre 1868 interdisant l'emploi des balles explosibles ; la Conférence internationale réunie à Bruxelles en 1874, qui échoua, mais dont l'influence se fit sentir dans la rédaction des manuels fixant les devoirs des troupes en campagne des différents pays, marquèrent les étapes successives avant d'arriver à la Conférence internationale de la Haye de 1899. Celle-ci fut suivie de la Conférence de Genève du 6 juillet 1906 et de la 2me Conférence de la Haye (2).

De ces conférences est sorti le droit écrit actuellement en vigueur, à l'élaboration duquel l'Institut de droit international a du reste puissamment contribué. Son ma-

(1) Lt Jacomet. *Les lois de la guerre continentale*, préface de M. L Renault.

(2) Conf. Frantz Despagnet ; *cours de droit international*, public, 4e édition, pp. 776, 804 et 805.

nuel des droits de la guerre sur terre, adopté à Oxford le 9 septembre 1880, connu des plénipotentiaires de 1899 et de 1907, a facilité la tâche des nations. « Les délibérations « sérieuses, élevées et profondes de l'Institut, ont toujours « constitué une base solide pour tous les accords interna- « tionaux, et furent d'ailleurs consultées avec soin, invo- « quées avec respect, et suivies avec une conviction réflé- « chie dans une grande partie des travaux de la Haye (1). »

Négligeant l'œuvre des Conférences de Genève, nous limiterons notre tâche au droit issu des conférences de la paix. Nous en déduirons l'influence sur la pratique de la guerre, et nous reconnaîtrons celle qu'indépendamment de lui, la seule réunion de semblables assemblées est susceptible d'exercer.

(1) A. de Bustamante, La seconde conférence de la paix, p. 584.

CHAPITRE II

Aperçu historique sur les conférences de la paix

En Mars 1898, l'Autriche se proposait de renouveler son matériel d'artillerie, la Russie y songeait également. Le ministre de la guerre russe, général Kouropatkine, dans le but d'éviter à son pays les dépenses qu'une telle réfection exigerait, eut l'idée de proposer à l'Autriche une convention, par laquelle les deux pays s'engageraient réciproquement à n'apporter aucune amélioration dans leurs armements. Le projet fut soumis aux ministres russes des finances et des affaires étrangères, qui émirent l'avis qu'une telle convention, pour être véritablement efficace, devait lier tous les Etats. C'était proposer une Conférence pour la limitation des armements.

Le 12/24 Août 1898, le tsar, entrant dans les vues de ses ministres, lança une première circulaire, dans laquelle il proposait une réduction des armements excessifs. Le projet rencontra de telles résistances que la diplomatie impériale craignit un échec. Alors elle élargit son programme, elle y fit entrer des questions susceptibles d'une solution immédiate telles : la civilisation de la guerre, la révision de la convention de Genève de 1864 (circulaire du 30 décembre 1898 — 11 Janvier 1899).

La première conférence de la Haye put alors se réunir

le 18 mai 1899 sous la présidence de M. de Staal, premier délégué russe. Elle se divisa en trois commissions dont la deuxième, sous la présidence de M. de Martens, subdivisée elle-même en deux sous-commissions, étudia le règlement du droit de la guerre terrestre. La Conférence élabora trois conventions dont celle relative « aux lois et coutumes de la « guerre sur terre » suivie d'un réglement annexe et trois déclarations. Les trois déclarations ont pour objet : 1° l'interdiction de lancer des projectiles du haut des ballons ou par d'autres modes analogues ; 2° l'interdiction d'employer des projectiles répandant des gaz asphyxiants ou délétères ; 3° l'interdiction d'employer des balles qui s'épanouissent ou s'aplatissent facilement dans le corps humain (1).

« La première Conférence avait déjà prévu la nécessité « d'une seconde, et certains de ses votes faisaient allusion « aux travaux qu'il y aurait lieu par la suite d'entrepren- « dre » (2). Ainsi l'œuvre n'était pas achevée. Pour beaucoup elle ne le serait qu'après de longs efforts ; la périodicité de semblables réunions était nécessaire pour humaniser les conflits internationaux. Discutant ensemble, les Etats se connaîtraient mieux, alors ils entreraient plus facilement dans la voie des concessions.

Cependant les années qui suivirent furent fertiles en

(1) Conventions et déclarations forment autant d'actes séparés datés du 29 Juillet 1899.

(2). A de Bustamante. *La seconde conférence de la Paix*, p. 3.

difficultés : d'abord la guerre du Transwaal, puis les affaires de Chine, enfin la guerre russo-japonaise semblaient devoir porter un coup mortel à l'œuvre ébauchée. Mais l'opinion avait foi dans l'avenir. Dès octobre 1904, le secrétaire d'Etat américain, M. J. Hay, envoyait aux Puissances une circulaire demandant la réunion d'une nouvelle Conférence à la Haye. Mais, devant la gravité du conflit russo-japonais, le gouvernement des Etats-Unis reconnut bientôt qu'un ajournement s'imposait. La guerre terminée, la Russie, d'accord avec les Etats-Unis, reprit le projet.

Retardée pour permettre aux Puissances américaines réunies à Rio-de-Janeiro, de venir à la Haye, la 2me conférence de la Paix s'ouvrit seulement le 15 juin 1907.

Pour la première fois 44 Puissances, la presque totalité, étaient réunies. Quatre commissions furent formées. La 2e commission divisée en deux sous-commissions, était chargée d'étudier les questions qui se rattachent au droit de la guerre continentale. Elle était présidée par M. Beernaert, délégué belge. Elle a élaboré : 1° un projet sur les amendements à apporter à la Convention et au réglement du 29 juillet 1899 concernant les lois de la guerre sur terre, et sur le renouvellement de la déclaration de même date relative à l'interdiction de lancer des projectiles et des explosifs du haut des ballons ; 2° un projet sur l'ouverture des hostilités ; 3° un projet sur la réglementation des droits et des devoirs des Etats neutres sur terre ; 4° un projet sur le régime des particuliers et des propriétés neutres dans les territoires belligérants.

Du 15 juin au 18 octobre 1907, outre l'acte final, la Conférence adopta 13 Conventions et une déclaration. Conventions et déclaration forment autant d'actes séparés portant la date du 18 octobre 1907.

LIVRE I

Convention relative à l'ouverture des hostilités (1)

Paragraphe I.

NÉCESSITÉ D'UN AVERTISSEMENT

Les Puissances, comme les individus, ne sauraient vivre isolées ; quels que soient leurs efforts contraires, des relations s'établissent entre elles. Ces relations sont plus ou moins étendues suivant l'époque, et pour une même époque, suivant la grandeur politique ou morale de chaque peuple. Limitées d'abord aux Puissances voisines, elles ont fini par embrasser le monde entier. Les inventions contribuèrent du reste à cette extension ; en diminuant le temps nécessaire pour se transporter d'un point à un autre, la science rétrécit en quelque sorte notre globe, si bien qu'actuellement, il n'est pas de Puissance un peu importante qui n'entretienne des relations avec les différentes parties du monde. Les nations sont liées entre elles par un faisceau de liens multiples créant une solidarité générale. Contrats écrits, conventions tacites, l'ensemble forme la substance du droit international à l'ob-

(1) Cette convention a un caractère général ; elle intéresse et la guerre sur terre et la guerre sur mer.

servation duquel toutes sont intéressées. C'est que tout évènement chez l'une a sa répercussion chez les autres, parfois sous une forme imprévue, le plus souvent sous une forme prévue. Or, s'il est des rapports de fait imposés par les évènements, ils sont en minorité ; la plupart n'ont, du reste, qu'une existence éphémère et disparaissent avec la circonstance qui les a suscités. Dans ce nombre, citons presque tous ceux qu'entraîne entre Puissances en conflit l'état de belligérance. Beaucoup plus nombreux, beaucoup plus importants pour la vie des peuples, ceux à la naissance desquels concourent surtout les volontés des parties : rapports commerciaux, industriels, scientifiques, qui exigent l'état de paix, et, le plus souvent, un équilibre stable à cet état de paix. Ces rapports s'appuient sur la confiance mutuelle de Puissance à Puissance, confiance qu'aucune ne troublera l'ordre existant, que toutes se conformeront aux droits et coutumes admis. Nulle ne saurait tromper cette confiance, sans manquer à la solidarité qui lie les uns aux autres, sans amener un régime de méfiance incompatible avec les rapports internationaux, alors continuellement inquiétés par la perspective d'une attaque inopinée. De là, l'utilité d'un avertissement avant de commencer les hostilités. Prévenir les intéressés, adversaires ou neutres, que l'on veut modifier le statut existant ; leur faire connaître que les lois et coutumes de la guerre seront substituées à celles de la paix, est un devoir imposé par ce fait, que chaque Puissance n'est qu'une unité dans la société mondiale. Cet avertissement précisera le moment du départ des droits et devoirs découlant de la déclaration de guerre, renseignement également nécessaire à l'ennemi et aux neutres. Ajoutons qu'une attaque brusque ne pourrait permettre de considérer la guerre comme l'argument ultime pour amener l'adversaire à composition. Comment apprécier, en effet, l'inutilité de tentatives d'arrangement que l'on n'a pas tentées ? « D'autre part, si la guerre n'exige aucune décla- « ration préalable, la rupture des relations peut être le « résultat d'un incident futile, d'un conflit, par exemple, « inopinément survenu entre troupes cantonnées aux « frontières » (1). Les Puissances intéressées en ont peut-être exagéré l'importance, parce que mal renseignées ; la nécessité d'une déclaration, les amenant à réfléchir, aurait peut-être pour résultat un recours aux solutions pacifiques. L'avertissement est encore nécessaire pour permettre aux neutres d'accomplir la mission que leur confient les articles 3 et 48 (2) de la convention du 18 Octobre 1907 relative « au règlement pacifique des conflits internationaux » ; et cet avertissement devrait laisser un délai raisonnable avant l'ouverture des hostilités ; nous verrons pourquoi la convention n'a pu en décider ainsi. « Il est, en faveur de « la nécessité de la déclaration, une dernière considé- « ration qui a bien son poids. Mis en présence de la « nécessité inéluctable d'une déclaration de guerre, dont

(1) A. Mérignhac. « *Les lois et coutumes de la guerre sur terre* », p. 31.
(2) Art. 3 et 27 de la Convention de 1899.

« il devra prendre la responsabilité devant le pays (1), un « gouvernement hésitera peut-être, alors qu'il n'hésiterait « pas dans le cas contraire...... » (2). Lourde est, en effet, la responsabilité du gouvernement qui entraîne un pays dans une aventure guerrière, parce que même victorieux, pour ce pays, la guerre est une calamité. Sacrifice d'hommes, sacrifice d'argent, ruine ou stagnation du commerce, de l'industrie, telles sont les conséquences de la lutte sans compter les risques de la défaite et de l'occupation. On comprend alors qu'aucun gouvernement n'acceptera d'un « cœur léger » la responsabilité d'une guerre. Crainte salutaire, qui n'a malheureusement pas le pouvoir d'en faire abandonner l'usage, mais qui a cet effet bienfaisant de le retarder ; et le temps étant beaucoup dans les conflits internationaux, de l'éviter parfois. D'ailleurs, les gouvernements ne sauraient rien décider aujourd'hui sans l'assentiment du pays. Il leur faut donc s'en assurer ; et, pour cela, ils s'efforcent de rejeter toute responsabilité sur l'adversaire en l'amenant à declarer la guerre, tandis qu'eux-mêmes, aux yeux de l'opinion, paraissent jouer un rôle purement défensif. Ce jeu hypocrite empêche parfois la guerre, aucune des parties en conflit ne se décidant à la déclarer.

(1) Et devant l'opinion mondiale.

(2) A. Mérignhac *Les lois et coutumes de la guerre sur terre*, p. 32.

Paragraphe II

APERÇU HISTORIQUE ET DISCUSSION (1)

La déclaration de guerre fut pratiquée dès l'antiquité. Les Romains appelaient « guerre juste » celle qui était déclarée suivant un cérémonial spécial par le chef des Fétiaux. Au moyen âge, on utilisa la « lettre de défi » qu'un messager remettait à l'adversaire. Un délai de trois jours était même exigé entre la déclaration et l'attaque (constitution de la paix de l'empire publiée par Frédéric Barberousse à Nuremberg en 1187, Bulle d'or de Charles IV en 1356). A compter du 15e siècle, on se servit d'un héraut d'armes, quelquefois d'une déclaration écrite ou imprimée, telle que celle adressée aux Pays-Bas, en 1671, par Charles II d'Angleterre. Le XVIIe siècle perdit peu à peu cette pratique, qui disparaît presque complètement dans la 2e moitié du XVIIIe siècle. La plupart des guerres maritimes entreprises par l'Angleterre au XVIIIe siècle et au début du XIXe, furent ouvertes brusquement. Ainsi la guerre de Sept Ans fut déclarée le 18 Mai 1756, mais dès Juin 1755, les Anglais avaient capturé le *Lis*, l'*Alcide* et 250 navires marchands. Aux réclamations de la France, Pitt répondit que la guerre pouvait commencer sans déclaration. Le XIXe siècle reprit l'usage d'un avertissement.

(1) F. Despagnet. *Cours de droit international public*, 4e édition, p. 812 et s. — A. Mérignhac, loc. cit. p. 34 et s. — Bonfils et Fauchille. *Manuel de droit international public*, 3e édition 1901, § 1028 et s. — Pillet. *Les lois actuelles de la guerre.*

En 1870, le 18 Juillet, la France remet une déclaration de guerre au gouvernement prussien ; le 10 Octobre 1899, le président Krüger adresse un ultimatum à l'Angleterre. Cependant en 1894, le Japon ouvrait les hostilités avant la déclaration de guerre. Cette dernière fut faite le 1er Août, mais dès le 25 Juillet, le *Kowshing*, navire anglais transportant des troupes chinoises, était coulé par le *Naniwa*. Il est vrai que, dès le milieu de Juillet, le Japon avait adressé à la Chine une sorte d'ultimatum, la sommant de régler avec lui les affaires coréennes ; la menaçant, en cas de refus, d'agir en dehors d'elle ; lui laissant la responsabilité des évènements qui pourraient arriver. Le cas prête donc à discussion ; aussi les auteurs ne s'accordent pas quant à la date du commencement de cette guerre (1) ; mais le Japon avec M. Nagao-Ariga adopte celle de l'ultimatum. En 1904, de nouveau, les Japonais furent accusés d'avoir commencé les hostilités sans déclaration de guerre. Très sensibles à cette accusation, ils soutinrent, non sans raison, ne pas avoir, à cette occasion, manqué au droit international admis à cette époque ; parce qu'alors la déclaration de guerre n'était pas obligatoire, et que de plus, deux notes remises au gouvernement russe, le 6 Février (2), faisaient connaître leur décision de renoncer

(1) M. Westlake adopte celle de l'envoi des troupes chinoises en Corée ; Holland adopte celle de la submersion du Kowshing ; M. Nagao-Ariga, celle de l'ultimatum ; M. Bruyas, celle de la déclaration de guerre, thèse Lyon 1899.

(2) Le même jour la flotte japonaise quittait Sassebo à la recherche de la flotte russe.

à poursuivre les négociations diplomatiques et de recourir à d'autres moyens. Les Japonais prétendirent donc avoir suffisamment indiqué leur intention de s'en remettre au sort des armes.

Les discussions soulevées au début de ces conflits attirèrent l'attention sur l'intérêt d'une entente internationale relative à la déclaration de guerre. Il était d'autant plus utile de régler cette question, que la doctrine anglo-américaine niait la nécessité même de cette déclaration. A son point de vue, la guerre se manifeste suffisamment par le fait des hostilités, la déclaration n'étant qu'un leurre si l'attaque la suit immédiatement, n'étant dans tous les cas qu'une formalité superflue pouvant compromettre l'attaque. Au reste, les neutres sont suffisamment fixés par les relations existant entre Puissances en conflit sur l'éventualité de la crise ; et la publicité sans cesse grandissante des relations diplomatiques réduit progressivement l'intérêt de la déclaration (1).

En 1906, dans sa session de Gand, l'Institut de droit international étudia un projet dont trois résolutions furent adoptées : « 1° Il est conforme aux exigences du droit « international, à la loyauté que les nations se doivent « dans leurs rapports mutuels, ainsi qu'à l'intérêt com- « mun de tous les Etats, que les hostilités ne puissent pas « commencer sans un avertissement préalable et non « équivoque ; 2° Cet avertissement peut avoir lieu soit sous

(1) Frantz Despagnet, loc. cit., p. 814 et s.

« la forme d'une déclaration de guerre pure et simple, « soit sous la forme d'un ultimatum dûment notifiés par « l'Etat qui veut commencer la guerre ; 3° Les hostilités « ne pourront commencer qu'après l'expiration d'un délai « suffisant pour que la règle de l'avertissement préalable « et non équivoque ne puisse pas être considérée comme « éludée. » C'était reconnaître la nécessité de l'avertissement, en consacrer les deux formes déjà usitées : la déclaration pure et simple et l'ultimatum, en préciser les qualités indispensables. L'équivoque ne couvrirait plus les attaques inopinées. Cependant la durée du délai imposé avant l'ouverture des hostilités laissait encore place à l'arbitraire ; mais l'Institut comprit le danger d'un texte trop exigeant. Considérant l'avantage d'une brusque attaque au point de vue militaire, il pensa que les Puissances accepteraient peut-être une règle assez élastique pour se concilier avec leurs intérêts, mais refuseraient de s'enfermer dans un règlement étroit. Pour ces motifs, il repoussa deux propositions de M. Albéric Rolin suivant lesquelles : « 1° les hostilités ne pourront commencer qu'à l'expiration « d'un certain délai qui commencera à dater du jour où la « notification de la déclaration de guerre aura pu parvenir « à la connaissance de l'Etat attaqué. — 2° Ce délai sera « de 7 jours francs pour la guerre terrestre et de quinze « jours francs pour la guerre maritime (1) ».

L'Institut de droit international avait frayé la voie que

(1) *Annuaire de l'Institut*, t. XXI, p. 269-293.

devaient suivre les nations. La circulaire russe du 24 mars-6 avril 1906 mentionne donc parmi les questions dont l'examen s'impose d'une façon particulière, « en tant « qu'elles découlent de l'expérience de ces dernières « années.... : 2° « Compléments à apporter aux disposi-« tions de la Convention de 1899 relative aux lois et cou-« tumes de la guerre sur terre, entre autres concernant « l'ouverture des hostilités..... »

Conformément à ce programme, la délégation française présenta le texte suivant :

« 1° Les Puissances contractantes reconnaissent que les « hostilités entre elles ne doivent pas commencer sans un « avertissement préalable et non équivoque, qui aura « soit la forme d'une déclaration de guerre motivée, soit « celle d'un ultimatum avec déclaration de guerre condi-« tionnelle.

« 2° L'état de guerre devra être notifié sans retard aux « Puissances neutres. »

C'était, l'article II en plus, les résolutions I et II légèrement modifiées de l'Institut de droit international. Le texte français gardait le silence sur le délai à l'expiration duquel les hostilités devaient seulement commencer. Et si le général Amourel soutint que l'avertissement devait précéder les hostilités, il déclara que celles-ci pourraient commencer aussitôt la notification parvenue à l'adversaire : les nécessités de la guerre, expliquait-il, s'opposaient à l'adoption d'un délai.

Quant à la déclaration de guerre, la proposition française énonçait qu'elle devait être motivée (1).

Qu'elle soit non équivoque, nous en avons vu l'utilité à propos des deux récentes guerres japonaises ; mais pourquoi la motiver ? Les causes apparentes des guerres ne sont le plus souvent que des prétextes destinés à justifier la conduite de l'assaillant ; mais le mobile principal est tenu secret : ambition, désir de vengeance, désir de profiter d'une situation avantageuse, tels en sont les motifs véritables. 1870 fut l'exécution d'un programme depuis longtemps préparé : la suprématie de la Prusse en Allemagne. L'histoire a, du reste, fait justice de l'incident d'Ems (2). « La nécessité de donner un motif est une gêne et peut « être un frein », (3) écrit M. Frantz Despagnet. Gêne et frein bien précaires pour les gouvernements décidés à la lutte. Et même, poursuivant une politique tortueuse et hypocrite, ils pousseront à bout l'adversaire choisi, dans l'intention de l'amener à déclarer la guerre, rejetant ainsi sur lui la responsabilité de l'attaque. Le général Von Bernhardi ne vient-il pas d'écrire : « Si nous voulons provo- « quer une attaque de nos adversaires, il nous faut com- « mencer une action politique qui, sans attaquer la Fran- « ce, nuise si gravement aux intérêts de la France ou à « ceux de l'Angleterre que ces deux Etats se voient con-

(1) 2e commission, 2e sous-commission, séance du 5 juillet.

(2) L'Italie déclare la guerre à la Turquie, parce qu'elle veut la Tripolitaine ; mais elle donne comme motif le traitement de ses ressortissants installés dans cette province.

(3) Frantz Despagnet, loc. cit. p. 817.

« traints à nous déclarer eux-mêmes la guerre (1). »

Certes, il n'en sera pas ainsi de toutes les guerres ; certaines auront une cause vraiment accidentelle. Mais alors, les gouvernements intéressés n'attendront pas leurs déclarations pour tenter une solution pacifique, parce que sans haine, une nation hésitera toujours devant la guerre. Motiver la déclaration nous paraît donc superflu, parce que, ou le motif donné ne sera pas le véritable, et les neutres seront impuissants à empêcher la guerre ; ou le motif donné sera le véritable, et les neutres le connaîtront déjà par les discussions diplomatiques précédant la rupture.

Le projet français prévoyait l'ouverture des hostilités immédiatement après l'avertissement, la conférence étudia une amélioration plus accentuée. Reprenant les idées émises à Gand, dans le rapport de M. Rolin, la délégation hollandaise présenta un texte ainsi conçu :

« 1° Les Puissances contractantes reconnaissent que les « hostilités entre elles ne doivent commencer qu'au moins « 24 heures après qu'un avertissement non équivoque, « ayant la forme d'une déclaration de guerre motivée, ou « d'un ultimatum avec déclaration de guerre conditionnelle, soit venu officiellement à la connaissance du « Gouvernement de l'adversaire.

« 2° L'état de guerre devra être notifié sans retard aux « Puissances neutres et ne commence vis-à-vis d'elles, « qu'après que la notification en est parvenue officiellement à leur connaissance. »

(1) Général Von Bernhardi. *L'Allemagne et la prochaine guerre.*

Modifié dans la séance du 5 juillet 1907, ce deuxième paragraphe fut définitivement rédigé comme suit :

« L'état de guerre devra être notifié sans retard « aux Puissances neutres, il ne pourra produire « effet à leur égard qu'après réception d'une notification « qui pourra être faite même par voie télégraphique. ».

L'article 1 du texte hollandais rendait l'avertissement réellement préalable. N'exigeant qu'un délai de 24 heures, il imposait le délai minimum qu'il fût possible d'adopter, si l'on voulait sortir du vague du texte de 1906 et plus encore du texte français. L'un des arguments sur lesquels s'appuyait le général den Beer Portugaël était que la fixation d'un délai contribuerait au désarmement. Délivrées de l'appréhension d'une surprise, les nations diminueraient leurs effectifs de paix, certaines d'avoir le temps de mobiliser leurs troupes. Au reste, ajoutait-il, rien ne s'oppose à ce que les nations adoptent, à ce sujet, les règles communément admises pour les armistices. Le colonel Michelson, délégué russe, appuya fortement cette thèse, ajoutant qu'un délai suffisamment long donnerait aux Etats neutres le temps d'intervenir en faveur d'une solution pacifique. Mais les nécessités d'ordre militaire devaient l'emporter, et la fixation d'un délai ne put obtenir l'approbation générale. Au cours des débats, l'Allemagne, les Etats-Unis d'Amérique, l'Angleterre, la Chine, la Grèce, l'Italie et le Japon se manifestèrent plus ou moins explicitement en faveur de la proposition française. L'amendement hollandais fut repoussé, et l'article 1 de la proposition française, adopté à l'unanimité moins deux voix, celle de la République de Cuba et celle du Brésil, devint l'article 1 de la convention.

Les textes français et hollandais prévoyaient dans leurs articles 2, la notification aux Etats neutres. Le 12 juillet, la délégation belge propose un deuxième amendement au texte français.

« L'état de guerre devra être notifié aux Puissances « neutres.

« Cette notification qui pourra être faite même par voie « télégraphique, ne produira effet à leur égard que qua- « rante-huit heures après sa réception. »

L'intérêt résidait dans la possibilité pour le neutre, de prévenir ses ressortissants avant que la délaration de guerre ne produise effet à leur égard. Tout de suite, les plénipotentiaires furent d'accord pour reconnaître que le délai, ainsi accordé, ne pouvait autoriser la violation de la neutralité. Et le danger qu'à ce sujet pouvait présenter la rédaction belge, la fit rejeter. L'article 2 de la délégation française fut envoyé au comité de rédaction, qui soumit à la seconde commission le projet suivant :

« L'état de guerre devra être notifié sans retard aux « Puissances neutres, et ne produira effet à leur égard « qu'après réception d'une notification qui pourra être « faite même par voie télégraphique.

« Il est, du reste, entendu que les Puissances neutres « ne pourront invoquer l'absence de notification, s'il « était établi d'une manière non douteuse qu'en fait elles

« connaissaient l'état de guerre ».

Ce dernier paragraphe interdit désormais les violations de la neutralité sous prétexte de non notification officielle. Il répond aux difficultés pratiques que pourraient rencontrer les belligérants pour cette notification : absence de relations diplomatiques, rupture matérielle de moyens de communication. Par lui, « l'état de guerre « existe pour les neutres vis-à-vis des deux belligérants, « dès qu'ils en ont reçu la notification de l'un quelconque « d'entre eux (1) » Car « il serait absurde que les droits « et les devoirs que la neutralité crée à un Etat, com- « mencent à une date différente vis-à-vis de chacun des « adversaires » (1). Toutefois, remarque M. Bustamante, « il n'avait pas été écrit en vue de cette hypothèse (1). »

Le projet fut adopté et devint l'article 2 de la convention, dont les 8 articles furent définitivement approuvés à l'unanimité et sans débat, le 7 septembre 1907. Des 6 derniers articles, 5 traitent des ratifications, des adhésions, dénonciations. Un article, celui portant le numéro 3, détermine la sphère d'application de la convention : la règle dictée est subordonnée à une condition de réciprocité.

« L'article 1 de la présente convention produira effet « en cas de guerre entre deux ou plusieurs Puissances « contractantes. »

(1) Bustamante, Locution citée, p. 235.

« L'article 2 est obligatoire dans les rapports entre un « belligérant contractant et les Puissances neutres également contractantes ».

Et cette réciprocité, généralement exigée dans les conventions internationales, est ici nécessaire au principal but poursuivi, qui est de faciliter les transactions mondiales en supprimant toute brusque attaque ; car l'intérêt de tous, exige que tous adoptent une règle commune. Or, la réciprocité est ici le seul moyen possible, et croyons-nous, efficace, pour atteindre ce résultat.

La perturbation causée dans les relations mondiales par un seul dissident ou délinquant, motive et excuse donc le principe de réciprocité. Mais reconnaissons qu'il est contraire aux heureuses conséquences résultant parfois de la nécessité de l'avertissement : recours aux solutions pacifiques et par suite maintien de la paix.

CONCLUSION

Un avertissement préalable à l'ouverture des hostilités est également utile aux individus et aux Puissances neutres, car les uns et les autres participent au commerce mondial. Aussi leurs intérêts militent en faveur d'une règle, qui supprime toute crainte d'une brusque attaque par l'adoption, après la déclaration de guerre, d'un délai suffisant avant de recourir aux moyens violents. Mais les belligérants ne peuvent renoncer aux bénéfices de la surprise. Le succès, à la guerre, est trop intimement lié à l'utilisation du moment propice pour qu'ils sacrifient aux intérêts de tous, la faculter d'en profiter quand il se présente dès le début du conflit; car, dans la suite, l'occasion se représentera-t-elle également favorable ; et peut-être même, l'avantage ne passera-t-il pas dans le camp ennemi? En ce qui concerne les neutres, accorder un délai eût été permettre à la mauvaise foi des actes contraires à la neutralité. Les intérêts des belligérants s'élevaient donc contre les intérêts de la société ; et comme ici, la collectivité ne saurait s'imposer, il devenait impossible d'accorder à ceux-ci une entière satisfaction. On décida donc la nécessité d'un avertissement préalable, mais sans aucun délai pour l'ouverture des hostilités.

Cette solution ne peut d'ailleurs avoir pour la société tous les inconvénients qu'on serait tenté de supposer ; car si les transactions embrassent aujourd'hui l'univers, elles colportent en tous lieux les nouvelles des litiges, des conflits. Les moyens de communication dont on dispose actuellement, tiennent chaque jour les nations au courant des événements intéressant les autres nations. Un différend en Europe, par exemple, est suivi point par point en Amérique, si bien que l'ouverture des hostilités ne saurait surprendre que les marins en cours de route (1) ; car la tension des relations précédant la guerre faisait suffisamment prévoir cette dernière.

(1) Encore utilisera-t-on de plus en plus la télégraphie sans fil pour les prévenir à temps.

Certes, la Convention ne répond pas entièrement aux désirs de certains pacifistes, mais, ainsi que nous nous sommes efforcés de le démontrer, elle n'en a pas moins son utilité. Et remarquons-le, libre d'attaquer immédiatement après l'avertissement, le belligérant s'y conformera très probablement dans l'avenir.

LIVRE II

Convention concernant les lois et coutumes de la guerre sur terre

1re PARTIE. LA CONVENTION

§ 1er — *Aperçu historique et discussion*

Recours à la force brutale, la guerre semble exclure toute réglementation et, de fait, longtemps elle en ignora. La haute antiquité concédait tout pouvoir au vainqueur qui disposait du vaincu comme de son bien propre. Mais la pratique de la guerre subit l'influence du temps, lentement elle évolua, admettant peu à peu des principes de justice et d'humanité. Ce fut d'abord l'intérêt qui protégea le vaincu, décidant le vainqueur à lui laisser la vie pour le réduire en esclavage. Les religions antiques introduisirent ensuite quelques règles, et le christianisme, transformant les mœurs, tenta d'humaniser la guerre.

Parallèlement à cette évolution, évoluait la conception même de la guerre. Jadis conflit de tribu à tribu, tout membre de la tribu adverse était ennemi, prenait une part active à la lutte, subissait le joug du vainqueur. Le moyen âge admit les guerres privées que l'époque moderne condamna, réservant aux États le droit de recourir aux armes

Alors État et souverain étaient un dans la personne du prince. Les habitants étaient sujets du souverain, n'avaient aucune part au gouvernement, ignoraient le plus souvent et les causes et le but de la guerre. Être fidèle au roi était leur dogme ; le roi pouvait les céder, soit contraint par les armes, soit même moyennant finances. Cependant la passivité n'épargnait à l'habitant aucun des maux de la guerre, qui se faisait sur son dos. Les armées ravageaient le pays, imposaient aux villes, aux campagnes de lourdes contributions, traitaient en ennemi tout sujet du souverain ennemi. Ainsi les guerres, affaires d'État, retombaient sur l'habitant qui en subissait toutes les conséquences. Cette absence de logique amena la philosophie du XVIIIe siècle à en préciser le caractère véritable, dans la louable intention d'en corriger la pratique.

« La guerre n'est donc point une relation d'homme à « homme, mais une relation d'État à État, dans laquelle « les particuliers ne sont ennemis qu'accidentellement, « non point comme hommes ni même comme citoyens, « mais comme soldats, non point comme membres de la « Patrie, mais comme ses défenseurs. Enfin, chaque État « ne peut avoir pour ennemis que d'autres États et non « pas des hommes....... »

Rigoureusement exacte à l'époque, cette définition n'eut aucune influence. Les mœurs encore grossières distinguaient mal le souverain et l'habitant du territoire occupé;

(1) J.-J. Rousseau. *Contrat social*, livre 1, chapitre IV.

elles continuèrent à les traiter également en ennemis.

Cependant les idées évoluaient peu à peu et la notion moderne de l'État s'élaborait lentement. A partir de la chute de l'Empire, les souverains durent compter avec ceux de leurs sujets possédant les droits politiques ; progressivement ces derniers augmentèrent en nombre, comprirent même, dans la plupart des pays, l'universalité de la nation. Alors, suivant l'expression de M. Le Fur, l'État devint « la nation juridiquement organisée (1) ». Néanmoins le principe « la guerre est un rapport d'État à « État » est encore vrai, mais son application ne peut méconnaître le caractère nouveau de l'État. Cette condition insuffisamment comprise mit en opposition, à Bruxelles et à la Haye, grandes et petites Puissances.

Outre cette conception de la guerre, le passé léguait au XIXe siècle une réglementation de sa pratique. Mais, à part les Instructions américaines qui n'avaient que la valeur d'un règlement interne (2), cette réglementation appartenait au droit coutumier ; trop souvent alors, elle se pliait aux intérêts du vainqueur. Il fallait donc la fixer, l'admettre dans le droit positif reconnu de tous ; car écrite, son interprétation serait plus consciencieuse ; arrêtée par un accord unanime, elle serait plus uniforme parce que plus désintéressée : chaque Puissance étant moralement contrainte d'accepter en toute circonstance l'interprétation

(1) Le Fur. *L'Etat, la Souveraineté et le Droit*, 1906.

(2) Reconnaissons toutefois l'influence morale que les Instructions américaines eurent sur les différents peuples.

commune. Ce fut la Russie qui prit l'initiative d'inviter les nations à cette codification (1). Le 27 juillet 1874 se réunissait à Bruxelles une conférence « destinée à fixer « les règles qui, adoptées d'un commun accord par tous « les pays civilisés, serviraient à diminuer autant que « possible les calamités des conflits internationaux en pré- « cisant les droits et devoirs des gouvernements et des « armées en temps de guerre ». Travail pénible qui n'offait alors aucune chance d'aboutir. L'Allemagne et les Puissances militaires voulaient régulariser la guerre ; elles voulaient en réserver l'exercice aux seules armées, exclure de la lutte l'habitant, le priver des droits du belligérant, par suite le soumettre aux rigueurs de la justice militaire s'il lui advenait de défendre son pays. Les petits États, ceux dont l'armée régulière est trop faible pour assumer à elle seule la défense du territoire, ceux qui comptent sur la levée en masse de tous leurs habitants pour concourir à cette tâche, s'élevèrent contre la thèse allemande. Et, bien qu'elle soit une grande Puissance, l'Angleterre, parce qu'elle n'était pas Puissance militaire, unit ses efforts aux leurs. Refusant de s'imposer le lourd sacrifice du service militaire personnel obligatoire, elle s'efforça d'empêcher la rédaction du « code de l'invasion », suivant l'expression des détracteurs du projet. Son délégué, sir A. Horsford, reçut comme instruction « de s'abs-

(1) Conf. VALBERT, Revue des Deux Mondes, mars 1875. « *Les Conférences de Bruxelles et de St-Pétersbourg* ».

« tenir de prendre part à toute discussion qui lui parat-
« trait porter sur des principes généraux du droit interna-
« tional non encore universellement reconnus et accep-
« tés » (1). Intransigeante, elle refusa même plus tard d'assister à une nouvelle réunion des délégués ou des représentants des gouvernements pour amener les opinions divergentes « à un accord final qui serait formulé « dans un acte définitif » (2), ne voulant pas « être partie « contractante dans un arrangement dont l'effet serait de « faciliter les guerres agressives et de paralyser la résis-
« tance patriotique d'un peuple envahi » (3).

Cependant les travaux de la conférence « restèrent « comme une enquête solennelle, qui constate comment « la guerre, ses nécessités et ses conséquences sont envi-
« sagées par tous les États civilisés » (4). Son projet, s'il ne put être transformé en Déclaration, eut cependant une grande influence sur la théorie et la pratique. L'Institut de Droit International lui emprunta les principaux éléments de son *Manuel* du droit de la guerre, et beaucoup de ses dispositions passèrent dans les réglements militaires d'un certain nombre de pays (5).

L'œuvre de Bruxelles devait être reprise par la 1re con-

(1) Dépêche du Comte DERBY à Lord LOFTUS, 20 janvier 1875.

(2) Circulaire russe, 26 septembre 1874, signée WESTMANN.

(3) Dépêche du Comte DERBY à Lord LOFTUS, 20 janvier 1875.

(4) Dépêche du Chancelier de l'Empire au Comte SCHOUVALOW, 24 janvier (5 février) 1875.

(5) JACOMET. Loc. cit., préface de M, L. RENAULT; conf. VALBERT, loc. cit. F. DESPAGNET, loc. cit., p. 805, la Diplomatie de la 3e République, p. 112.

férence de la Paix ; mais une fois encore, les divergences de vue de grandes et petites Puissances rendirent les travaux très pénibles, tant il est difficile « de légiférer sur « la guerre qui supprime ou suspend toutes les lois et fait « retourner momentanément les sociétés à l'état de « nature » (1). Tant il est difficile « d'imposer d'avance des « limites aux exigences d'un vainqueur qui, en vertu des « devoirs de son métier, se croit obligé de tirer de sa vic« toire tout le parti possible et d'employer tous les moyens « qui la peuvent rendre plus efficace » (1). La conférence adopta cependant la convention, améliorée en 1907, qui régit encore actuellement les lois et coutumes de la guerre. Mais pour atteindre ce résultat, elle dut ménager les scrupules des petits États. Ceux-ci considéraient le projet soumis à l'examen comme une organisation de l'invasion entièrement favorable au vainqueur, et se refusaient alors à l'adopter. « Il y a, disaient-ils, dans ce que vous propo« sez des mesures rigoureuses que sont appelés à subir « les habitants du pays envahi ; il est choquant que ces « habitants, qui, dans l'intérêt de ce pays, agiront contre « l'envahisseur, puissent être fusillés en vertu d'un texte « accepté par leur propre pays ». On leur fit alors remarquer qu'il s'agissait, en définitive, d'une sorte de « société « d'assurance mutuelle contre les abus de la force en « temps de guerre » (2). On eut recours à des ménage-

(1) Valbert. Loc. cit.

(2) 2e Commission. 2e Sous-Commission, annexe au compte-rendu sommaire de la séance du 10 juin 1899. p. 1.

ments de pure forme : au lieu de proclamer le droit de l'occupant à lever des impôts, on régla les formalités à remplir s'il lui plaisait d'en percevoir ; on fit une convention très courte et un règlement annexe très long ; en outre, l'article 1er de la convention oblige seulement les États à donner à leurs armées des instructions conformes au règlement.

Art. 1er. « Les Puissances contractantes donneront à « leurs forces armées de terre des instructions qui seront « conformes au règlement concernant les lois et coutumes « de la guerre sur terre, annexé à la présente conven- « tion ».

Ainsi les habitants du pays envahi obéissent, en apparence du moins, aux règles dictées par l'envahisseur et non à celles signées et acceptées par leur propre gouvernement.

Inspirée par le désir de servir « l'humanité et les exi- « gences toujours progressives de la civilisation » (1), la Convention, pour répondre à ce but, devrait, semble-t-il, s'imposer en toute circonstance, parce que l'humanité ne saurait admettre de traitements différents suivant la couleur ou le degré de civilisation de l'adversaire. Devant elle, l'homme, quel qu'il soit, a mêmes droits ; la conduite d'un belligérant ne saurait donc se régler sur un accord antérieurement conclu. Mais ce raisonnement ne tient aucun compte de la réalité. A la guerre, en effet, les

(1) Préambule de la Convention.

mesures employées pour vaincre sont imposées par le caractère même de la lutte. Autre doit être la conduite du belligérant combattant un ennemi civilisé, autre sa conduite à l'égard d'un ennemi sur qui les moyens ordinaires d'action ont peu d'influence. Au Maroc, dans les Colonies par exemple, souvent la destruction de la propriété privée permettra seule d'atteindre l'adversaire ; d'où l'usage des razzias encore couramment suivi par nos troupes (1). D'ailleurs les Puissances refuseront toujours d'observer un règlement qui ne serait pas observé vis à vis d'elles (2). Aussi l'article 2 proclame la nécessité de la réciprocité : « Les dispositions contenues dans le règlement visé à l'ar- « ticle 1er ne sont obligatoires que pour les Puissances « contractantes, en cas de guerre entre deux ou plusieurs « d'entre elles.

« Ces dispositions cesseront d'être obligatoires du « moment où, dans une guerre entre Puissances contrac- « tantes, une Puissance non contractante se joindrait à « l'un des belligérants ».

Cette réciprocité est d'ailleurs un stimulant pour faire adopter la Convention. Par elle, il est vrai, cette dernière reste une loi spéciale à certains cas ; mais reconnaissons que, dans la pratique, il ne pouvait en être autrement (3).

Toutes les Puissances représentées à la Haye, sauf la

(1) Lt Boidin, loc. cit., p. 62 et suiv.

(2) Cependant elles devront toujours s'interdire les cruautés inutiles. Comp. infra, p. 95 et suiv.

(3) Conf. A. de Bustamante, loc. cit., p. 589 et s. Lt Boidin, p. 62 et s.

Chine et la Suisse, adhérèrent à la Convention, qui comprenait, en outre, trois articles relatifs aux ratifications, adhésions, dénonciations auxquelles elle pouvait donner lieu. Les 17 et 20 juin 1907; la Chine, puis la Suisse y adhérèrent à leur tour. Quant aux Puissances non représentées, elles durent, en 1907, si elles ne l'avaient pas fait antérieurement, adhérer elles aussi à la Convention, afin de pouvoir prendre part aux travaux de la 2e commission de la conférence de la paix (1). Un résultat était donc acquis à l'œuvre de la civilisation, mais au prix de nombreuses concessions en faveur des intérêts particuliers. Souvent les textes précis avaient été écartés pour des formules vagues et élastiques qui seules avaient permis l'entente, pour laquelle du reste, certains textes furent même complètement abandonnés. Mais, quelque imparfaite qu'elle fût, elle était un premier pas dans la voie d'une réglementation générale des usages de la guerre. Avec elle, les nations acceptaient de discipliner la force même ; innovation ouvrant l'ère de ces consultations périodiques où l'humanité, la justice travaillent à convertir les esprits à une saine compréhension de l'emploi de cette force. Au reste, « la première conférence avait prévu la nécessité « d'une seconde, et certains de ses votes faisaient allusion « aux travaux qu'il y aurait lieu par la suite d'entre- « prendre »(2).

Et la circulaire du 24 mars (6 avril 1906) convoquant à

(1) A laquelle elles furent convoquées.

(2) A. Bustamante. Loc. cit., p. 3.

la 2e conférence rappellera que « la première conférence « s'était séparée avec la conviction que sa tâche serait « complétée ultérieurement par l'effet du progrès régulier « des lumières parmi les peuples et à mesure des résultats « de l'expérience acquise ». Elle insistait sur certaines améliorations à introduire à l'œuvre de 1899. « En ce qui « regarde la réglementation des lois et coutumes de la « guerre sur terre, les dispositions prises par la première « conférence ont besoin également d'être complétées et « précisées de façon à éviter tout malentendu ». D'où son programme prévoyait en particulier les « compléments à « apporter aux dispositions de la Convention de 1899, « relative aux lois et coutumes de la guerre sur terre, « entre autres concernant l'ouverture des hostilités, les « droits des neutres sur terre, etc. Déclarations de 1899. « L'une d'entre elles étant périmée, question de son renou- « vellement ». L'étude des lois et coutumes de la guerre fut donc reprise, « soit dans le but de les définir avec plus « de précision, soit afin d'y tracer certaines limites « destinées à en restreindre autant que possible les « rigueurs » (1). Trois dispositions nouvelles furent adoptées ; pour l'instant nous n'en retiendrons qu'une : celle qui sanctionne les violations au règlement annexe, les autres devant être étudiées avec les articles 23 et 44 dudit règlement.

Eu 1910-1902, le grand Etat-major allemand avait

(1) *Préambule de la Convention.*

publié un manuel des lois de la guerre sur terre méconnaissant le caractère obligatoire de la convention de 1899 (1), Les Puissances signataires de cette dernière ne pouvaient manquer de critiquer le manuel ; l'Allemagne calma les inquiétudes en proposant elle-même, en 1907, de rendre effective la responsabilité du contrevenant par l'obligation à indemnité. Dans ce but, elle présenta les 2 articles suivants : 1° « La partie belligérante qui violera « les dispositions de ce règlement, au préjudice de per- « sonnes neutres, sera tenue de dédommager ces person- « nes du tort qui leur a été causé. Elle sera responsable « de tous actes commis par les personnes faisant partie de « sa force armée. La fixation du dommage causé et de « l'indemnité à payer, à moins qu'une indemnisation « immédiate en espèces n'ait eté prévue, pourra être « remise à plus tard si la partie belligérante estime que « cette fixation est incompatible, pour le moment, avec les « opérations militaires.

« 2° En cas de violation au préjudice de la partie adverse, « la question de l'indemnisation sera réglée lors de la con- « clusion de la paix ».

La délégation française, soutenue par la délégation anglaise, fit remarquer que le texte proposé pouvait constituer une sorte de « prime à la neutralité », par la distinction qui ne manquerait pas de s'établir entre les ressortissants d'un État neutre établi sur le territoire envahi,

(1) Conf. Mérignhac R. C. D. I. t. XIV, 1907, p. 198 et suiv. ; Dupuis, correspondant du 10 juin 1907.

et ceux des pays belligérants.

Le principe fut admis, mais avec un texte modifié, réduit à un article s'appliquant à tous indirectement. Cet article prit le numéro 3 dans la nouvelle convention.

« La partie belligérante qui violerait les dispositions « dudit règlement sera tenue à indemnité, s'il y a lieu. « Elle sera responsable de tous actes commis par les per- « sonnes faisant partie de sa force armée ».

Ainsi était étendu « au droit des gens dans tous les cas « d'infractions au règlement le principe du droit privé « d'après lequel le maître est responsable de ses préposés « ou agents » (1).

Un article 4 décide, en outre, que la « présente conven- « tion dûment ratifiée remplacera, dans les rapports entre « les Puissances contractantes, la convention du 29 juillet « 1899 concernant les lois et coutumes de la guerre sur « terre.

« La convention de 1899 reste en vigueur dans les rap- « ports entre les Puissances qui l'ont signée et qui ne « ratifieraient pas également la présente convention ».

Ces deux articles 3 et 4 exceptés, la convention de 1907 n'est autre que celle de 1899 ; seule la rédaction de l'article 2 diffère legèrement, mais le fond reste le même.

Art. 2. « Les dispositions contenues dans le règlement « visé à l'article 1 ainsi que dans la présente Convention,

(1) *2e Conférence internationale de la paix, actes et documents*, 1907, tome 1, p. 627 ; L. Renault. *Les deux Conférences de la paix*, 2e édition, 1909, p. 104.

« ne sont applicables qu'entre Puissances contractantes et « seulement si les belligérants sont tous parties à la « Convention ».

§ 2. — CONCLUSION

Engagement des Puissances « contractantes à donner à « leurs forces armées de terre, des instructions qui seront « conformes au règlement concernant les lois et coutumes « de la guerre sur terre... » (1), la convention ne saurait être appréciée avant l'étude de ce règlement. Mais dès maintenant, nous en connaissons le principe directeur ainsi que les difficultés d'élaboration, car son préambule nous dévoile l'un et les autres : sentiment d'humanité, impuissance à lui donner satisfaction ; réveil de la conscience aspirant vers un idéal, constatation de l'impossibilité d'y atteindre, si ce n'est dans un avenir lointain.

Rechercher « les moyens de sauvegarder la paix et de « prévenir les conflits armés entre les nations » (2), voilà l'idéal à la poursuite duquel les Puissances ont travaillé en 1899, en 1907, mais sans négliger cependant les améliorations moins radicales, par suite plus faciles à introduire dans les rapports internationaux. Aussi se préoccupent-elles « du cas où l'appel aux armes serait amené par des « évènements que leur sollicitude n'aurait pu détour- « ner » (3). Alors leurs efforts tendent encore à « servir « les intérêts de l'humanité et les exigences toujours pro-

(1) *Art. 1 de la Convention.*
(2) *Préambule de la Convention.*
(3) *Préambule de la Convention.*

« gressives de la civilisation » (1), en adoptant « des dis-
« positions ayant pour objet de définir et de régler les
« usages de la guerre sur terre » (1).

Réaliser l'idéal de paix universelle était impossible avec les mœurs actuelles ; diminuer les maux de la guerre était difficile à concilier avec les intérêts égoïstes des parties prenant prétexte « des nécessités militaires ». Le préambule le constate, aveu faisant pressentir les difficultés de la tâche. « Il n'a pas été possible toutefois de con-
« certer dès maintenant des stipulations s'étendant à toutes
« les circonstances qui se présentent dans la pratique » (1); parce que non seulement, la pratique met en opposition et des principes et des intérêts également respectables, mais encore, des visées ambitieuses trop souvent servies par la force. Or, le manque d'organisation judiciaire capable de trancher les plus graves litiges et de faire respecter ses décisions, donne à cette force le rôle prépondérant dans la solution des conflits. Alors l'humanité, la justice doivent compter avec l'égoïsme et l'ambition. Pour se faire admettre, la règle se borne à mettre un frein aux agissements de la force ; elle n'est plus l'énonciation d'un principe rigide, mais, admettant des dérogations, elle est une barrière timide marquant la limite que le vainqueur doit respecter.

Sera-t-elle loyalement observée ? S'appuyant sur le bon vouloir de chacun, il lui faut compter sur ce bon vouloir

(1) *Préambule de la Convention.*

lié lui-même à l'intérêt présent. Proclamons cependant l'utilité de la Convention, parce qu'elle contribue à l'éducation des nations et tend à transformer les mœurs, travail de longue haleine, dont elle n'est que le début. Même souvent violées, les règles émises pénétrant peu à peu dans les mœurs, finiront peut-être par s'imposer; et sur l'humanité progressant, de nouvelles règles seront dictées diminuant ainsi les prérogatives de la force. Tel fut le généreux projet poursuivi en 1899, en 1907, à la réalisation duquel il faudra dépenser encore de nombreux efforts.

DEUXIEME PARTIE

Annexe à la convention

RÈGLEMENT CONCERNANT LES LOIS ET COUTUMES DE LA GUERRE SUR TERRE

SECTION 1

Des belligérants

CHAPITRE Ier. — DE LA QUALITÉ DE BELLIGÉRANT

Paragraphe I. — APERÇU HISTORIQUE

Définir le belligérant, préciser qui aurait mission de soutenir la lutte, à qui s'appliqueraient les lois de la guerre était la première question à résoudre. Problème difficile par la complexité, la multiplicité des intérêts qu'il lui faut concilier. L'humanité, d'accord avec les Puissances militaires, voulait la « restriction fictive du combat » ; la mentalité de l'habitant du territoire envahi, d'accord avec les petites Puissances, n'en permettait pas la pratique.

Cependant en 1874, l'Allemagne se fit le champion de cette théorie dont l'échec contribua à celui de la conférence. Puissance militaire, elle voulait réserver aux armées l'exercice de la guerre ; les peuples étaient exclus du périlleux honneur de défendre la patrie. C'était octroyer un avantage considérable aux Etats dont tous les citoyens, à la mobilisation, étaient incorporés dans l'armée. Et confiante dans sa force, elle voulait la condamnation d'une pratique désormais sans utilité pour elle, d'une pratique nuisible à ses desseins par l'usage qu'en feraient certainement ses adversaires moins préparés.

Sacrifiés par ce projet, les Etats auxquels répugnait le service obligatoire, réclamèrent pour leurs ressortissants le droit de prendre les armes contre l'envahisseur. Leur action se borne à se faire respecter, tâche à laquelle tous doivent concourir ; car répondre à l'invasion par la levée en masse est non seulement le droit, mais le devoir de légitime défense. « La Belgique est neutre. Elle a des li- « mites restreintes, ce qui l'expose, dès le début de la guer- « re, à être occupée aussitôt qu'envahie. En conséquence, « disait le baron Lambermont, je ne pourrai voter aucune « clause, qui affaiblirait la défense nationale ou qui délie- « rait les citoyens devant l'ennemi (1). »

Cependant la conférence décide : « Les lois, les droits et « les devoirs de la guerre ne s'appliquent pas seulement à « l'armée, mais encore aux milices et aux corps de volon- « taires réunissant les conditions suivantes : 1° d'avoir à « leur tête une personne responsable pour ses subordon- « nés ; 2° d'avoir un signe distinctif fixe et reconnaissable « à distance ; 3° de porter les armes ouvertement ; 4° de se « conformer dans leurs opérations aux lois et coutumes « de la guerre. » En outre, elle déclara que « dans les

(1) G. F. DE MARTENS et STOERK. *Nouveau recueil général de traités*, 2e série, tome IV, 1879, p. 20.

« pays où les milices constituent l'armée ou en font partie, « elles sont comprises sous la dénomination d'armée (1) ». Ces conditions interdisaient l'emploi d'auxiliaires sauvages et, quant aux corps de volontaires, elles permettaient une pratique consacrée par l'histoire (2).

Cé texte ne pouvait satisfaire les petits Etats, qui voulaient encore « donner à la population le droit de se soulever devant l'ennemi, sans perdre [aucun des attributs de la qualité de belligérants, par cela seul qu'elle ne contrevient pas aux lois de la guerre (3). » Organisés ou non, sur territoire déjà occupé comme sur celui non encore occupé, les habitants pouvaient, devaient même user de ce droit. Se conformant aux lois de la guerre, pourquoi leur en refuser l'application, pourquoi les traiter en bandits? Subissant le joug du vainqueur, ne devaient-ils pas saisir l'occasion de s'en affranchir ? Ainsi avaient fait la Hollande de 1872, l'Espagne, la Russie, l'Allemagne de l'époque napoléonienne. « Si l'on se « reporte à l'histoire de la Suisse, disait le colonel fédéral « Hammer, on y voit des vallées entières, sans être orga- « nisées ou commandées, se lever en masse pour marcher « contre l'ennemi. » Des hommes qui défendent leur pa-

(1) Art. 9 du projet de la déclaration internationale concernant les lois et coutumes de la guerre devenu l'art. 1er du Règlement de 1899.

(2) L. Chuquet. *La guerre 1870-71*, p. 178. « Les francs-tireurs inspirèrent à l'envahisseur de sérieuses inquiétudes, et le déroutèrent par leurs apparitions soudaines, leurs brusques attaques, leur guerre de partisans. »

(3) G. de Lapradelle. *La Conférence de la Paix* (La Haye 18 mai-29 juillet 1899), p. 96.

trie, ajoutait-il, ne peuvent être traités en brigands. Sans doute, l'ennemi pourra être dur à leur égard, mais jamais la Suisse ne ratifiera une décision leur méconnaissant la qualité de belligérants.

Patriotisme, droit des peuples à décider de leur sort, tels étaient les principes de cette thèse, auxquels la thèse adverse opposa des principes humanitaires. La guerre ne saurait dépouiller son caractère barbare tant que les peuples conserveront un droit illimité dans la défense, parce qu'à ce droit correspond un droit illimité dans l'attaque. Et la confusion inévitable résultant de la levée en masse, entre combattants et habitants paisibles, provoquera, excusera même les actes de représailles, surexcitera les passions, transformera la lutte en une guerre d'extermination. La guerre ne pouvait s'humaniser, qu'à la condition de distinguer facilement ceux-là même qui la menaient.

Principes et intérêts opposés étant irréductibles, un accord semblait impossible. Pouvait-on s'en tenir au droit des gens? La guerre, disait le baron Lambermont, a ses pratiques, c'est assez de les tolérer, inutile de leur faire l'honneur de les inscrire dans un code. Et, ajoutait-il, « si « des citoyens doivent être conduits au supplice pour avoir « tenté de défendre leur pays au péril de leur vie, il ne « faut pas qu'ils trouvent inscrit sur le poteau au pied « duquel ils seront fusillés l'article d'un traité signé par « leur propre gouvernement, qui d'avance les condamnait « à mort. » « On peut souhaiter aussi que les exécuteurs « de ces infortunés considèrent la triste besogne commise

« à leurs soins comme une violence que justifie la néces-
« sité, et s'il n'était pas vrai qu'elle fût nécessaire, il serait « déplorable qu'ils fussent défendus contre les étonne-
« ments et les perplexités de leur conscience par quelque « article d'un code international qui décrète que dans cer-
« tains cas un patriote est un criminel. La seule garantie « contre les abus de la force est le sentiment qu'elle a de « sa responsabilité et la peur que lui inspire quelquefois « l'opinion. Tout ce qui pourrait soulager ses doutes ou « étouffer ses scrupules, tout ce qui fixerait ses incertitu-
« des touchant ce qui est licite et ce qui ne l'est pas ne « servirait qu'à encourager son insolence ; il vaut mieux « que, faute de prescriptions positives, elle soit toujours « inquiète du jugement qu'on portera sur elle. Funestes « sont les lois quand elles mettent à l'aise les conscien-
« ces. »

Cependant on adopta l'article 10 dont le texte, parce qu'il était très élastique, semblait devoir rallier les deux parties. « La population d'un territoire non occupé qui, à « l'approche de l'ennemi, prend spontanément les armes « pour combattre les troupes d'invasion sans avoir eu le « temps de s'organiser conformément à l'article 9, sera « considérée comme belligérante si elle respecte les lois et « coutumes de la guerre. » Formule s'en rapportant malheureusement à l'appréciation de l'envahisseur quant à la spontanéité du soulèvement, quant au temps nécessaire

(1) Valbert. *La Conférence de Bruxelles et la Conférence de St-Pétersbourg*, Revue des Deux Mondes, 15 mars 1875.

pour son organisation. Suivant que cette appréciation sera favorable ou défavorable aux habitants, « les malheureux « qui tomberont dans ses mains redoutables seront des « soldats ou des bandits; ils auront la vie sauve ou ils « seront passés par les armes, et leurs maisons livrées aux « flammes. » (1) La conférence reste muette en ce qui concerne les soulèvements des pays effectivement occupés. Elle effaça même de son projet un article 46 ainsi conçu : « Les individus faisant partie de la population « d'un pays dans lequel le pouvoir de l'ennemi est déjà « établi et qui se soulèvent contre lui les armes à la main « peuvent être déférés à la justice et ne sont pas considé-« rés comme prisonniers de guerre. » La raison de ce silence était qu'il avait été impossible de s'entendre sur ce cas particulier. Alors la conférence s'en remettait à la coutume antérieure ; cette dernière admettait la levée en masse sous la seule condition de se conformer aux lois et coutumes de la guerre; à cette condition, les habitants d'un territoire occupé conservaient donc le droit de se soulever (2). Remarquons du reste, que les travaux de la conférence restèrent à l'état de projet ; qu'ils n'eurent par suite qu'un caractère facultatif, malgré les efforts de la Russie « pour amener les opinions divergentes à un « accord final, qui serait formulé dans un acte défini-

(1) Valbert, loc. cit.

(2) A. Mérignhac. *Les lois et coutumes de la guerre*, p. 80 ; F. Despagnet. *Cours de droit international public*, 4e édition, p. 836 et 910.

« tif » (1). Vainement elle proposa de réunir une nouvelle conférence à St-Pétersbourg; le refus de l'Angleterre d'accéder à cette invitation fit ajourner la modification internationale des lois de la guerre.

Les parties étaient restées sur leurs positions; nous les retrouvons à la Haye, en 1899, et de nouveau leur antagonisme faillit tout compromettre. L'Allemagne certes, qui repoussait en 1874 l'article 10, se proposait maintenant de l'accepter par esprit de conciliation ; mais là se bornaient ses concessions. « Il m'est absolument impossible de faire un pas de plus, disait le colonel Schwarzhoff, et d'accorder une absolue liberté pour la défense (2) ». Mais Angleterre, Belgique, Suisse n'avaient rien abandonné de leurs revendications, et c'était une absolue liberté qu'elles voulaient pour la défense. Reprenant l'idée de 1874, Monsieur Beernaert propose alors de laisser la question dans le domaine du droit des gens. « Le résultat serait au plus haut degré fatal et désastreux pour notre œuvre, répond M. de Martens, car alors les gouvernements belligérants et les chefs militaires se diraient : « Par deux fois, en « 1874 et en 1899, deux Conférences internationales ont « réuni les hommes les plus compétents et les plus éminents du monde civilisé en la matière. Ils n'ont pas « réussi à déterminer les lois et coutumes de la guerre. Ils « se sont séparés en laissant subsister le vague complet sur

(1) Circulaire russe 26 septembre 1874.

(2) Rapport Rolin, p. 3 et 4 et 2e sous-commission, n° 11, 20 juin 1899, p. 3.

« toutes ces questions. Ces hommes éminents, en discu- « tant ces questions des droits et devoirs des territoires « envahis, n'ont trouvé aucune autre solution que de lais- « ser tout dans le vague et dans le domaine du droit des « gens ! Comment nous, les commandants en chef des « armées, nous, qui sommes dans le feu de l'action, trou- « verions-nous le temps de résoudre ces controverses, « alors qu'ils ont été impuissants à le faire en temps de « paix (1). »

Il faut donc aboutir. L'Angleterre demande « de n'ac- « cepter la déclaration que comme une base générale pour « l'instruction des troupes, sans aucun engagement d'ac- « cepter tous les articles (2) » ; puis propose un article additionnel aux articles 9 et 10. « Rien dans ce chapitre ne « doit être considéré comme tendant à amoindir ou à sup- « primer le droit qui appartient à la population d'un pays « envahi de remplir son devoir d'opposer aux envahisseurs « par tous les moyens licites la résistance patriotique la plus « énergique (3) ». C'était à mots couverts reconnaître la belli- gérance aux populations soulevées. Nul doute, les grandes Puissances n'accepteraient pas ce texte, non plus qu'un amendement suisse défendant « d'exercer des représailles « sur la population du territoire occupé pour avoir pris

(1) Deuxième commission, 2e sous-commission, n° 6, 6 juin 1899, p. 5 et suivantes.

(2) Deuxième commission, 2e sous-commission. Annexe au compte-rendu sommaire de la séance du 10 Juin 1899, p. 1.

(3) 2e commission, 2e sous-commission, n° 11, page 3.

« ouvertement les armes contre l'invasion (1). » Le conflit paraît insoluble. Alors M. de Martens fait la déclaration » « qu'il n'a pas été possible de concerter, dès maintenant, des « stipulations s'étendant à tous les cas qui se présentent dans « la pratique », que, d'autre part, il n'a pu entrer dans les « intentions de la conférence que les cas non prévus fus- « sent, faute de stipulation écrite, laissés à l'appréciation « arbitraire de ceux qui dirigent les armées », aussi, « en « attendant qu'un code tout à fait complet des lois de la « guerre puisse être édicté, les populations et les belligé- « rants restent sous la sauvegarde des principes du droit « des gens, tels qu'ils résultent des usages établis entre « nations civilisées, des lois de l'humanité et des exigen- « ces de la conscience publique (2). » Autrement dit, le droit des gens dicterait la conduite des Puissances dans les cas non réglés, que, faute de pouvoir s'entendre, on réservait pour l'étude de conférences ultérieures. Angleterre, Belgique, Suisse, pouvaient alors accepter les articles 9 et 10 du projet de Bruxelles ; et sur l'assurance que la déclaration de M. de Martens figurerait au protocole, elles retirèrent leurs amendements. Toutefois la Suisse ne crut pas devoir accepter le règlement.

L'entente s'était faite, mais au prix de la précision. « Après avoir refusé d'entrer dans les vues de M. Beer- « naert, qui voulait tout laisser dans l'ombre, n'y revenait-

(1) 2e commission, 2e sous-commission, n° 11, p. 3.
(2) N° 11, 20 Juin 1899, p. 2.

« ou pas en couvrant officiellement d'incertitude les points « les plus discutés de la question ? » (1). Mais poursuivre une solution rendue impossible par l'obstination des Puissances à ne rien concéder qui nuise à leurs intérêts, c'était courir à un échec, non seulement pour les points litigieux, mais encore pour la convention elle-même. Les membres de la conférence connaissaient la difficulté de la tâche ; ils ne pouvaient prétendre aboutir en une seule fois ; ils escomptaient l'influence du temps et de la périodicité de semblables réunions sur l'opinion, sur les mœurs. Alors ils s'en remettent à l'avenir ; et l'avenir, décidant en 1907, la Suisse à accepter le règlement dont elle ne voulait pas en 1899, leur a déjà donné raison sur ce dernier point. Figurant au préambule de la convention, la déclaration de M. de Martens donne bien à celle-ci le caractère d'une œuvre ébauchée que des travaux ultérieurs devront compléter. Et le dernier paragraphe de ce préambule, déclarant « que c'est en ce sens (celui de la déclaration) que « doivent s'entendre notamment les articles 1 et 2 du « règlement adopté », lève toute difficulté quant à leur adoption par les Puissances ; or ces articles 1 et 2 ne sont autres que les articles 9 et 10 du projet de 1874.

La Convention devait bientôt subir l'effort de tendances réactionnaires. En 1899, milices, volontaires, et dans une certaine mesure levées en masse, avaient été reconnus ; il était peu probable qu'ils fussent condamnés en 1907, mais

(1) G. de Lapradelle, loc. cit. p. 100.

on pouvait espérer arracher à la nouvelle conférence des conditions telles, que leur fonctionnement en serait entravé. Dans ce but, l'Allemagne lui présenta deux amendements. Le premier, imposant aux milices et corps de volontaires cette nouvelle condition que leur signe distinctif serait notifié à l'adversaire, fut combattu par la délégation française, qui, par la voix du général Amourel, fit remarquer que les corps de volontaires s'organisent dans des moments critiques, où il est souvent impossible de communiquer avec l'ennemi ; qu'au reste, le véritable signe distinctif du combattant est de porter ouvertement les armes. Considéré à juste titre comme une aggravation au régime établi, l'amendement fut repoussé.

Le second ajoutait à l'unique condition de l'article 2 d'observer les lois et coutumes de la guerre, celle de porter ouvertement les armes. Admis en sous-commission par une majorité de trente voix contre trois et deux abstentions, cet amendement fut définitivement voté par la commission ; mais il ne le fut qu'après affirmation officielle qu'il n'avait aucune portée restrictive. « Il a paru à la « sous-commission, disait le rapporteur baron Giesl de « Gieslingen, que cette condition n'avait d'autre objet que « de préciser ce qui était déjà dans le texte primitif sans « en modifier le sens au point de vue de la population « intéressée » (1).

(1) Contra F. Despagnet, loc. cit., p. 837. — Conf. A. Mérignhac, loc. cit., note 2, p. 78. — A. de Bustamante, loc. citée, p. 250.

L'article 3 du règlement reconnaît que « les forces ar-« mées des parties belligérantes peuvent se composer de « combattants et de non-combattants »; qu'en « cas de « capture par l'ennemi, les uns et les autres ont droit au « traitement des prisonniers de guerre. » (1) Accepté sans difficulté en 1899, cet article n'a soulevé aucune objection en 1907. Remarquons toutefois que le personnel des services sanitaires est régi par les conventions de Genève, qui lui octroyent, dans un but humanitaire, une immunité particulière.

Paragraphe II

DISCUSSION ET CONCLUSION

Règlementer la belligérance était une œuvre ardue, parce qu'elle se heurtait à des intérêts, à des principes également respectables. Il fallait concilier les uns et les autres, en obtenir des concessions sans toutefois en sacrifier aucun. Les jurisconsultes, eux-mêmes, ne s'accordaient pas, car le problème était à plusieurs faces, et suivant que l'on envisageait l'une plutôt que l'autre, la solution différait. Poursuit-on le but humanitaire de la civilisation de la guerre, tout ce qui tend à perpétuer les abus du passé : représailles, massacres d'habitants, est sévèrement condamné. Se place-t-on au point de vue du droit, l'habitant qui s'arme contre l'invasion a raison, parce que le peuple doit seul décider de son sort; que d'ailleurs, chez lui

(1) Article 11 de 1874.

l'étranger s'installe en maître, et s'il ne pille pas, s'il ne viole pas, il réquisitionne et réquisitionner, c'est la carte forcée, c'est la main-mise brutale sur le bien d'autrui. Cette polémique teinta de désintéressement la conduite toute pratique des Puissances, dont les intérêts trouvaient appui sur l'une ou l'autre thèse. Et parce qu'il fallut chercher un terrain d'entente, la conférence évita de verser dans l'impraticable ; car il serait impraticable le règlement interdisant milices, volontaires et levées en masse, cependant de moins en moins utiles avec la généralisation du service militaire obligatoire.

Le thème allemand méconnaissait son époque et concevait encore l'Etat tel qu'il était au XVIIIe siècle. Or, l'Etat s'était transformé ; le suffrage universel gagnant du terrain, le journal répandu à profusion, soutenant sans cesse l'attention sur les évènements, éveillant, excitant le patriotisme, créant l'opinion, contrôle et guide à la fois du gouvernement, ont fait l'Etat moderne. Anachronisme que de vouloir imposer un rôle passif à l'habitant ; car aujourd'hui, la guerre l'intéresse non seulement au point de vue de ses intérêts particuliers, mais encore, parce qu'elle est un rapport d'Etat à Etat, et que dans ce siècle de démocratie, l'on ne saurait concevoir l'Etat sans la population qui est à sa base (1). Les gouvernements ne s'y trompent

(1) « Chaque individu est citoyen d'un Etat ; en cette qualité, il est « intéressé à la lutte que soutient son pays. Le sort de sa patrie ne saurait lui être indifférent. Il prend sa part des succès ou des revers de « l'Etat auquel il appartient. Son devoir comme citoyen est de donner « ses biens et sa vie pour la patrie en danger. Sur le terrain du droit « public, tous les citoyens sont tenus à de nombreuses prestations « envers l'Etat. » (Bluntschli. *Le Droit international codifié*, p. 34.)

pas; ils s'efforcent de préparer l'opinion par des notes officieuses de journaux à leur solde. Au reste, sans attendre l'impulsion de leurs gouvernements, les nations manifestent parfois leurs sentiments. En pleine paix, par sa ligue navale, par sa ligue militaire, le peuple allemand ne prépare-t-il pas la lutte future, tandis que d'enthousiasme la France souscrit pour sa flotte aérienne.

L'habitant ne peut donc assister à la lutte en spectateur indifférent. Dans la mesure de ses forces, il contribuera au but commun : la victoire, soit qu'il combatte l'ennemi comme soldat ou comme membre d'un corps de volontaires, soit qu'il prenne part à une levée en masse, soit qu'il soigne les blessés et les malades, soit enfin par tout autre service rendu à la patrie. Il était alors impossible de faire admettre le principe de la « restriction fictive du combat ». Cependant il fallait imposer à tous le respect des lois et coutumes universellement reconnues, si l'on voulait éviter les luttes sauvages d'antan. Admis les corps de volontaires, il fallait les soumettre à des conditions telles, qu'ils conduisent la lutte en soldats et non en brigands; et la reconnaissance des levées en masse ne devait pas avoir pour résultat de nouvelles vêpres siciliennes. C'est pourquoi l'article 1 du règlement de la Haye n'accorde la belligérance aux corps de volontaires, que sous les conditions déjà exigées par le projet de Bruxelles. Il leur faudra donc « avoir à leur tête une personne responsable pour ses « subordonnés. » Le projet russe de 1874 était plus rigoureux. Il exigeait la soumission au commandement général, ce qui serait désirable à tous les points de vue ; ce qui sera, du reste, dans la plupart des cas. Cependant il était sage de prévoir la situation exceptionnelle, où certains groupements se trouveront, par les circonstances mêmes, empêchés de communiquer avec l'armée. En territoire envahi, par exemple, une ville privée de toute relation avec l'autorité militaire de son pays veut organiser la résistance. Sa population prend les armes ; alors pour être considérée comme belligérante, elle devra se donner un chef responsable.

Ils doivent « avoir un signe distinctif fixe et reconnais- « sable à distance. » Le mot signe a été employé sciemment ici de préférence à celui d'uniforme, car parfois, dans une défense improvisée par exemple, il sera impossible de se procurer des uniformes. Ce signe ne doit pas pouvoir s'enlever trop facilement ; de plus, il doit être visible à une certaine distance. Autrefois on évaluait cette distance à une portée de fusil ; ce qui ne peut plus être avec les armes actuelles, non seulement parce que la portée est devenue trop grande, mais aussi, en considération des efforts tendant à rendre de moins en moins visibles les uniformes des armées régulières.

Ils doivent porter « les armes ouvertement ». Il faut que l'ennemi connaisse leur véritable caractère, qu'il les distingue des habitants paisibles, si l'on veut qu'il épargne ceux-ci. Certes, le port d'un signe distinctif a cet objet pour but ; mais ce signe, tout au moins au début, ne sera pas toujours connu de l'ennemi, parce qu'il sera souvent impossible de le lui notifier. D'où cette obligation de porter ouvertement les armes, obligation d'ailleurs imposée non seulement aux corps de volontaires, mais aussi, ainsi que nous le verrons à propos des levées en masse, à tous ceux qui veulent combattre.

Ils doivent « se conformer dans leurs opérations aux lois « et coutumes de la guerre. » Cette condition est sujette à critiques, non parce qu'elle impose aux corps de volontaires l'observation des lois et coutumes de la guerre, observation s'imposant à tout combattant; mais parce qu'elle paraît admettre que pour ces corps, les manquements individuels de leurs membres aux lois et coutumes entraîneraient la privation de la qualité de belligérant. Or, ces manquements individuels peuvent faire perdre les avantages de la belligérance aux coupables, mais il n'est aucune bonne raison pour en rendre responsable le corps entier.

En ce qui concerne les levées en masse, il fallait distinguer deux cas selon que le territoire est ou n'est pas occupé. Dans le second, l'ennemi doit s'attendre à la résistance des populations dont il envahit le territoire, parce que le devoir et l'honneur leur ordonnent de lutter par tous les moyens en leur pouvoir, pourvu qu'ils soient conformes au droit de la guerre. Quand la patrie est menacée, il n'y a plus, en effet, de distinction à faire entre le soldat et le simple citoyen : tout le monde est soldat (1). Si donc

(1) Conf. Mariotti. *Du droit des gens en temps de guerre*, p. 63.

les citoyens s'arment et le combattent ouvertement, leur conduite ne peut être blâmée, car l'envahisseur n'est pas surpris traîtreusement. Aussi l'article 2 leur accorde la belligérance bien que le plus souvent, faute de temps, ils n'auront pu s'organiser conformément à l'article 1.

Autrement difficile à régler était le premier cas ; alors les intérêts de l'envahisseur paraissent inconciliables avec ceux de l'habitant. Comment cependant empêcher celui-ci de se soulever ? Sa conception du droit privé n'a pas changé malgré la déclaration de guerre ; elle est celle du temps de paix. Vouloir lui imposer la passivité semble donc impossible devant la violation de ce qu'il considère comme ses droits primordiaux : la liberté, la propriété ; car malgré ses proclamations, l'envahisseur ne pourra toujours les respecter. Or, les exigences de l'humanité pourraient être satisfaites en imposant, ici encore, aux populations soulevées, l'obligation de porter ouvertement les armes et de respecter les lois et coutumes de la guerre (1), étant entendu, que les violations individuelles à ces lois et coutumes ne feraient pas perdre à la collectivité la qualité de belligérant. Certes, dans notre cas, au moins au début du soulèvement, des massacres sont à craindre ; ce n'est pas une raison suffisante pour refuser la belligérance à la population du

(1) M. Pillet *Le droit de la guerre*, et M. de Lapradelle, loc cit. p. 96, émettent l'idée que l'on pourrait concilier la levée en masse avec l'intérêt de l'envahisseur en accordant à celui-ci, la faculté de recourir à certaines représailles. Il y aurait là une réglementation de ces dernières, dans un cas où forcément elles se produiront ; par suite, il serait désirable qu'une prochaine conférence étudiât la question.

territoire occupé qui se soulève, mais respecte constamment les lois et usages de la guerre. Les Puissances ne purent cependant aboutir à cette solution ; faute d'entente, elles décidèrent que « dans les cas non compris dans les « dispositions réglementaires adoptées par elles, les popu- « lations..... resteraient sous la sauvegarde et sous l'em- « pire des principes et du droit des gens » (1).

Le problème de la belligérance n'est donc pas complètement résolu, mais il ne dépendait pas de la Conférence qu'il en fût autrement. Son rôle, en effet, n'était pas et ne pouvait être de créer le droit. Il était plus modeste ; poursuivant un but pratique, il devait se contenter de fixer les coutumes déjà admises par les mœurs ou qui pouvaient se faire admettre sans trop de difficultés.

(1) Préambule de la convention.

CHAPITRE II

§ I

Des Prisonniers de Guerre

I. Dispositions relevant des lois et coutumes de la guerre

L'humanité, les intérêts particuliers s'étaient heurtés lors de la discussion du chapitre I ; l'humanité reste seule inspiratrice du chapitre II. L'accord se fit donc promptement : deux séances suffisent à la Conférence de 1899 pour en arrêter les dispositions.

L'article 4 du réglement déclare que les « prisonniers « de guerre sont au pouvoir du gouvernement ennemi, « mais non des individus ou des corps qui les ont captu- « rés ». « Ils doivent être traités avec humanité » ajoute-t-il, et « tout ce qui leur appartient personnellement, « excepté les armes, les chevaux et les papiers militaires « reste leur propriété. » Simple affirmation, d'une conception depuis longtemps acceptée de la majorité, mais qu'une minorité, au nom de la nécessité, mettait parfois en échec. Cette reconnaissance officielle avait donc son utilité, parce qu'elle était la condamnation de cette théorie qui permet de tuer le prisonnier dont la présence est un danger ou simplement une charge incompatible avec les circonstances présentes(1); parce qu'elle contraignait les Puissances à réprouver les cruautés exercées parfois dans les guerres coloniales, cruautés dont les luttes aux Philippines, au Transvaal ont donné récemment encore de nombreux exemples.

En 1907, le Japon propose d'étendre les exceptions du dernier paragraphe à tous les objets affectés à un usage militaire : cartes, bicyclettes et autres moyens de transport. Repoussée par la sous-commission, cette proposition, lorsqu'elle vint devant la commission, fut expressément abandonnée par le Japon lui-même. Le texte de 1899 fut donc conservé.

« Les prisonniers de guerre peuvent être assujettis à « l'internement dans une ville, forteresse, camp ou loca- « lité quelconque, avec obligation de ne pas s'en éloigner « au-delà de certaines limites déterminées », dit l'article 5; « mais ils ne peuvent être enfermés que par mesure de sû- « reté indispensable ». La raison conçoit qu'il est permis de suspendre la liberté individuelle et de mettre obstacle aux projets d'évasion des prisonniers, car c'est là un moyen de priver l'adversaire de concours auxquels il n'a plus droit : le prisonnier, par le fait même de sa captivité,

(1) A. Mérignhac. Les lois et coutumes de la Guerre sur terre, page 90 et s., Bluntschli, loc. citée art. 580. Heffter, loc. citée pag. 128 ; Lieber, art. 60 des instructions pour les armées américaines. Dans le Manuel allemand de 1902 on lit sous ce titre : Cas dans lesquels on peut tuer des prisonniers : 4° En cas de nécessité urgente et inéluctable, par exemple lorsqu'on ne peut pas les garder et que leur évasion constitue un danger pour le capteur.»

étant hors de combat. Et l'effort à la guerre tendant à ruiner les moyens de défense de l'adversaire, il est naturel de s'opposer au retour dans ses rangs de combattants tombés au pouvoir de l'ennemi. L'antiquité les mettait à mort, nos mœurs plus humaines se contentent de leur rendre impossible l'évasion, dont le résultat serait de les ramener parmi les leurs.

Toutefois dans le but « d'éviter toute espèce d'abus et « d'adoucir le plus possible la triste condition des prison- « niers, la délégation cubaine proposa, en 1907, de spéci- « fier expressément que les belligérants ne pourraient user « de la faculté d'enfermer les prisonniers que tant que « subsisterait l'état de choses ayant motivé la mesure « prise (1) ». Accepté, cet amendement fut ajouté au texte de 1899 dont le dernier paragraphe fut ainsi rédigé : « mais ils ne peuvent être enfermés que par mesure de sû- « reté indispensable, et seulement pendant la durée des circonstances qui nécessitent cette mesure ».

« L'Etat peut employer, comme travailleurs, les prison- « niers de guerre, selon leur grade et leurs aptitudes, à « l'exception des officiers. Ces travaux ne seront pas « excessifs et n'auront aucun rapport avec les opérations « de la guerre.

« Les prisonniers peuvent être autorisés à travailler « pour le compte d'administrations publiques ou de particuliers, ou pour leur propre compte.

(1) A. de Bustamante. Loc. cit. p. 251.

« Les travaux faits pour l'Etat sont payés d'après les « tarifs en vigueur pour les militaires de l'armée nationale « exécutant les mêmes travaux, ou, s'il n'en existe pas, « d'après un tarif en rapport avec les travaux exécutés.

« Lorsque les travaux ont lieu pour le compte d'autres « administrations publiques ou pour des particuliers, les « conditions en sont réglées d'accord avec l'autorité mili-« taire.

« Le salaire des prisonniers contribuera à adoucir leur « position, et le surplus leur sera compté au moment de « leur libération, sauf défalcation des frais d'entretien. »

Ces dispositions de l'article 6 sont excellentes au point de vue moral, et permettent aux prisonniers d'améliorer quelque peu leur position. L'exception relative aux officiers ne figurait pas dans le réglement de 1899, pas plus que la disposition finale du troisième paragraphe : « et s'il « n'en existe pas, d'après un tarif en rapport avec les tra-« vaux exécutés. »

La première de ces additions est dûe à l'initiative espagnole; la seconde, qui fut acceptée malgré le vague de son texte, avait été proposée par la délégation japonaise. En outre, l'Espagne demanda que les salaires fussent remis intégralement aux travailleurs sans aucune retenue pour leur entretien. Cette dernière proposition fut repoussée, parce qu'alors la condition des prisonniers eût été, pour un même travail, plus avantageuse que celle des soldats du pays capteur.

L'article 7 réglemente, au point de vue administratif, la

situation des prisonniers de guerre (1). Il met leur entretien à la charge de l'Etat capteur ; à défaut d'entente entre les deux belligérants, il les assimile aux troupes de ce dernier pour la nourriture, le couchage et l'habillement. Cette assimilation entraînera des inconvénients lorsque les modes de vivre des deux belligérants offriront une trop grande différence. Il est certain, par exemple, que des soldats européens souffriraient d'un traitement semblable à celui des soldats chinois. Ainsi, lors de la guerre russo-japonaise, les prisonniers russes ne trouvèrent pas suffisante la ration qui leur fut allouée, laquelle était cependant plus forte que celle du soldat japonais(2) Mais le plus souvent les modes de vivre des deux belligérants ne différeront pas sensiblement, et l'assimilation assurera au prisonnier un traitement convenable. Aussi la Conférence, dont le rôle est de fixer des règles générales et non d'entrer dans le détail, ne pouvait adopter une solution meilleure. D'ailleurs les belligérants peuvent recourir à une entente pour la modifier, ce qu'ils feront toujours dans les cas exceptionnels que nous venons d'envisager.

« Les prisonniers de guerre seront soumis aux lois, règlements et ordres en vigueur dans l'armée de l'Etat au

(1) Art. « Le gouvernement au pouvoir duquel se trouvent les prisonniers de guerre est chargé de leur entretien. A défaut d'une entente spéciale entre les belligérants, les prisonniers de guerre seront traités pour la nourriture, le couchage et l'habillement, sur le même pied que les troupes du gouvernement qui les aura capturés. »

(2) Conf M. Nagao-Ariga. La guerre russo-japonaise au point de vue continental et le droit international, 1908.

« pouvoir duquel ils se trouvent. Tout acte d'insubordi-« nation autorise, à leur égard, les mesures de rigueur « nécessaires » art 8. Ces mesures seront différentes chez les deux belligérants. Les Japonais ont réprimé plus sévèrement les actes d'indiscipline que ne l'ont fait les Russes, parce que, d'une part, le nombre des prisonniers russes au Japon était de beaucoup supérieur â celui des prisonniers japonais en Russie ; et d'autre part, les réglements japonais punissent plus rigoureusement les tentatives d'évasion. Cependant des deux côtés, il semble qu'aucun prisonnier n'ait été exécuté. Il y eut bien deux ou trois condamnations à mort, mais les peines furent commuées(1).

« Les prisonniers évadés qui seraient repris avant « d'avoir pu rejoindre leur armée ou avant de quitter le « territoire occupé par l'armée qui les aura capturés, sont « passibles de peines disciplinaires.

« Les prisonniers qui, après avoir réussi à s'évader, « sont de nouveau faits prisonniers ne sont passibles d'au-« cune peine pour la fuite antérieure. » art. 8.

Ces dispositions tiennent compte du caractère particulier de la détention qui nous occupe. Le prisonnier est prisonnier par mesure préventive, non par châtiment. Hors le combat, il subit les conséquences de sa capture ; mais il cesse en droit d'être le sujet de nouveaux actes de guerre.

(1) Conf. Nagao-Ariga. Loc. cit.

Le maltraiter, le tuer, est un crime dont l'antiquité ne s'est pas fait faute, dont nous trouvons des exemples jusque dans les guerres récentes (1). « Ils doivent être traités « avec humanité », dit l'article 4 cité plus haut. Mais le bénéfice d'une telle immunité ne saurait exclure la contrainte à une discipline d'autant plus ferme, que les difficultés sont plus grandes pour empêcher les évasions. La discipline entraîne des sanctions sans lesquelles elle resterait sans effet. De plus, la guerre est un duel où le dernier mot reste à la force. Aussi, chacun vise à annihiler les moyens de lutte de l'adversaire, et le soldat est, sans conteste, le premier de ces moyens. De là, l'effort pour priver l'ennemi du concours des siens tombés au pouvoir de l'autre parti ; de là, la justification de l'usage des armes contre le prisonnier qui prend la fuite, et ne s'arrête pas aux sommations qui lui sont faites, la justification de la restriction de la liberté individuelle des prisonniers de guerre ; de là, la justification du régime entier auquel ils sont actuellement soumis, et en particulier, des paragraphes 1 et 2 de l'article 8. Mais dictées par la nécessité, ces dispositions sont inapplicables quand cette nécessité n'existe plus. Qu'une tentative d'évasion, qu'un acte d'insubordination soit réprimé, il y a là un exemple salutaire, peut-on prétendre, pour prévenir des faits semblables. Encore, faut il, que faute et sanction soient assez rapprochées pour atteindre pleinement ce but. Que signi-

(1) A. Mérignhac. Loc. cit p. 90, 91.

fierait maintenant une sanction à une évasion ayant réussi, dans le cas où le prisonnier serait de nouveau capturé ? Peut-on prétexter de la nécessité d'un exemple ? Les témoins sont dispersés et, du reste, qui songe encore à elle. Sans portée comme moyen préventif, la sanction devient alors un châtiment, une vengeance. Un châtiment, de quel délit, de quel crime ? Prisonnier, il subit une situation de fait ; son évasion l'en délivre, lèse, il est vrai, les intérêts du capteur, non le droit et la justice. Or, réprimer sans nécessité l'acte contraire seulement à des intérêts, quand ces intérêts sont ceux du juge, est exercer une vengeance et la vengeance n'a pas place dans une règlementation des droits. Aussi l'évasion ayant réussi n'est passible d'aucune peine, tel est le sens du 3e paragraphe de l'article 8.

Tout autre serait la solution si le prisonnier avait manqué à la parole donnée. « Tout prisonnier de guerre, libéré « sur parole et repris portant les armes contre le gouver- « nement envers lequel il s'était engagé d'honneur, ou « contre les alliés de celui-ci, perd le droit au traitement » des prisonniers de guerre et peut être traduit devant les « tribunaux ». art. 12. C'est que le prisonnier ayant donné sa parole ne subit pas seulement un état de fait ; il est lié par un contrat, et ce contrat a créé une situation de droit. Il a engagé sa parole volontairement ; il a décidé le capteur à lui accorder crédit, à lui concéder une liberté conditionnelle. Profiter de ce crédit pour méconnaître ses engagements, c'est commettre un crime contre lequel, la seule arme possible est la rigueur de la sanction : la mort le plus souvent. Cependant l'article 12 n'indique aucune peine : mais les tribunaux devant lesquels sera traduit le coupable, appliqueront celles prévues par les lois pénales de leur pays, en France, l'article 204 du Code de justice militaire pour les armées de terre : « Est puni de mort « tout prisonnier de guerre qui, ayant faussé sa parole est « repris les armes à la main. » Mais alors ce contrat doit être l'accord de volontés libres et conscientes. « Un pri- « sonnier de guerre ne peut être contraint d'accepter sa « liberté sur parole ; de même le gouvernement en- « nemi n'est pas obligé d'accéder à la demande du prison- « nier réclamant sa mise en liberté sur parole. » art. 11 du règlement.

Applicable au prisonnier libéré sur parole, l'article 12 l'est-il au prisonnier soumis à une surveillance relâchée, bénéfice de l'engagement de ne pas franchir une certaine limite ? L'affirmative ne fait aucun doute s'il y a eu évasion et participation nouvelle à la lutte, l'acte primordial étant une violation de la parole donnée. Mais des troupes amies ont-elles délivré le prisonnier, s'il reprend les armes et qu'il soit de nouveau capturé, nulle sanction ne devra le frapper. Enfin une détention plus rigoureuse sera le sort de celui qui se serait évadé sans toutefois reprendre les armes. Ainsi en décidait déjà l'article 2 du décret du 4 août 1811, encore en vigueur : « Tout prisonnier de « guerre ayant rang d'officier et tout otage qui, après « avoir donné sa parole, la violera, sera, s'il est repris,

« considéré et traité comme soldat, sous le rapport de la « solde et des rations, et resserré dans une citadelle, fort ou château ».

Admettant l'intérêt du capteur comme légitime motif de la détention du prisonnier, nous devons reconnaître en outre une gradation à cet intérêt. Autre est le concours du soldat, autre celui du chef ; et combien différents les services de deux officiers ayant même commandement. L'intelligence, le savoir, la personnalité entière influence l'œuvre ; tel réussit où un autre échouerait. Le capteur cherchera donc à identifier son prisonnier. Mais celui-ci n'est nullement tenu de s'y prêter, s'il y entrevoit une possibilité plus grande de s'évader. L'obliger à répondre aux questions qui lui sont posées, paraît une erreur, l'honneur ne l'exigeant pas et ses efforts devant tendre vers l'évasion et le retour parmi les siens. Certes, ils sont peu nombreux les prisonniers dans ce cas (1) ; les termes de l'article 9 : « Chaque prisonnier de guerre est « tenu de déclarer, s'il est interrogé à ce sujet, ses vérita- « bles noms et grade », n'en sont pas moins trop absolus (2). Il

(1) Outre certaines personnalités influentes, certains prisonniers ayant des connaissances spéciales, tels que les aviateurs, par exemple, pourront avoir intérêt à ne pas révéler leur identité, parce qu'alors probablement, ils seraient l'objet d'une surveillance plus étroite.

(2) Tout ce que l'honneur militaire peut imposer, est de ne pas chercher à tromper le capteur par de fausses déclarations. — *Conf. Manuel français de droit international à l'usage des officiers de l'armée de terre*, p. 78. Ne dévoilant pas son identité, le prisonnier rend plus difficile, à son égard, l'œuvre des sociétés de secours aux prisonniers ; mais il est du devoir de chacun de sacrifier, s'il est utile, son intérêt à l'intérêt général.

est vrai que la sanction : « restriction des avantages accor-« dés aux prisonniers de guerre de sa catégorie », ne saurait arrêter un esprit résolu.

Il importait qu'un texte précisât la situation des prisonniers laissés libres sur parole, tant à l'égard de leur pays, qu'à l'égard du capteur. L'article 10 déclare « qu'ils sont « obligés, sous la garantie de leur honneur personnel, de « remplir scrupuleusement, tant vis-à-vis de leur propre « gouvernement que vis-à-vis de celui qui les a faits pri-« sonniers, les engagements qu'ils auraient contractés. » Ainsi contraint de respecter sa parole, le prisonnier doit encore satisfaire à ses devoirs de citoyen, obligations difficiles à concilier. Aussi la liberté sur parole n'est accordée qu'aux officiers, ou à la troupe par l'intermédiaire des officiers garants du respect des engagements pris.

Comparée à la situation du prisonnier ordinaire, la situation du prisonnier ayant engagé sa parole offre deux aspects différents. S'agit-il d'entraves matérielles à la libre disposition de soi-même, le sort du dernier est préférable : la citadelle, la forteresse ouvre ses portes, les limites du camp sont repoussées, libre circulation dans le pays, parfois libre retour dans la patrie. Mais la volonté, l'intelligence, l'audace, la bravoure, toutes les vertus qui font l'homme sont enchaînées. L'honneur lie le prisonnier, il est l'obstacle tout puissant. Il n'est de prison si bien gardée qu'une évasion en soit toujours impossible. Ne l'a-t-on pas vu en 1870. Que peut-on contre l'honneur ? Lié par sa parole, le prisonnier est impuissant; ses vertus morales, il les a mises au service de l'adversaire pour se garder lui-même, et sa conscience ne peut être trompée. Quoiqu'il arrive, il est prisonnier, il est perdu pour son pays. Sous ce deuxième aspect, le prisonnier aggrave son sort en donnant sa foi. Il renonce à tout espoir d'évasion, il désespère de la fortune dont un retour capricieux pourrait le délivrer. Hors de la lutte présente, il s'interdit toute participation à la lutte à venir. Ainsi, les avantages sont tout personnels, ils se rapportent au prisonnier lui-même dont ils améliorent le sort matériel. Les désavantages sont pour le pays, qui a droit d'escompter son retour, si inespéré soit-il. Aussi celui-ci peut retirer aux siens la faculté d'accepter leur mise en liberté sur parole(1). « Les prisonniers de guerre « peuvent être mis en liberté sur parole, si les lois de leur « pays les y autorisent » ; alors « leur propre gouvernement est tenu de n'exiger ni d'accepter d'eux aucun ser« vice contraire à la parole donnée » art. 10. Quant au prisonnier ayant transgressé cette défense, nullement obligé d'observer un engagement pris contre sa volonté, le gouvernement ne pourrait-il pas le contraindre à reprendre du service à ses risques et périls ? Cette solution

(1) En France, l'article 160 sur le service des places est le seul texte se rapportant à notre sujet. Or, il ne concerne que le gouverneur, auquel il fait défense d'accepter des clauses « ayant pour conséquence de le séparer de ses officiers et de ses troupes, dont il partage le sort après comme pendant le siège ». Cependant il est certain que l'officier, quel qu'il soit, ne doit en aucun cas accepter sa libération sur parole si elle a pour effet de séparer son sort de celui de sa troupe.

extrême aurait pour résultat de rendre ce gouvernement complice du manquement à la parole donnée. Mais, considérant comme nul à son égard le contrat interdit à ses nationaux, il peut ordonner au coupable d'aller se reconstituer prisonnier, de se replacer dans sa position première. Et si l'ennemi refuse de le reprendre, le prisonnier n'est nullement dégagé de sa parole. Quelque inconvénient qu'il en résulte pour lui, il doit rester hors de la lutte. Sa faute l'a placé dans cette pénible situation, qu'aucune solution ne peut la couvrir sans la bonne volonté de l'un des belligérants : son pays en ne lui imposant pas une félonie, le pays ennemi en l'internant à nouveau(1).

La portée de l'engagement dépend, du reste, de ses termes mêmes ; et l'on admet que l'interdiction de combattre dans la présente guerre l'ennemi ou ses alliés, n'empêche pas de servir contre d'autres ennemis. Kléber, après la capitulation de Mayence, put aller réduire les Vendéens. On admet également que le libéré peut faire les actes qui touchent indirectement aux hostilités, par exemple, instruire des recrues, fortifier des places éloignées. Il y a là cependant un concours à la lutte, indirect il est vrai, et par suite une violation de la parole donnée. Aussi, en 1870, l'Allemagne imposa aux prisonniers sur

(1) Conf. A. Mérignhac p. 102 et s. *Manuel français*, pages 78, 79 ; Fiore. *Droit codifié*, art. 999 ; Pillet. *Le droit de la Guerre*, paragraphe 107 ; Pradier-Fodéré. Loc. citée, VII paragraphe 2827 ; Calvo. Loc. citée, t. IV paragraphe 2151 ; Bluntschli, loc. cit. art. 626.

parole l'obligation de ne rien entreprendre contre ses intérêts pendant la durée de la guerre. C'était les immobiliser complètement ; ils ne pouvaient faire de service militaire ni à l'intérieur, ni aux colonies ; ils ne pouvaient même pas assurer de services civils.

Qui peut être fait prisonnier de guerre ? L'article 3 a déjà répondu pour les belligérants, l'article 13 va le faire pour les individus suivant les armées. « Les individus qui « suivent une armée sans en faire directement partie, tels « que les correspondants et les reporters de journaux, « les vivandiers, les fournisseurs, qui tombent au pouvoir « de l'ennemi et que celui-ci juge utile de détenir, ont « droit au traitement des prisonniers de guerre, à condi- « tion qu'ils soient munis d'une légitimation de l'autorité « militaire de l'armée qu'ils accompagnaient. » Dépourvus de cette autorisation, ils peuvent être détenus, mais n'ont aucun droit au traitement des prisonniers de guerre.

En 1907, la délégation japonaise proposa d'insérer à la suite de l'article 13 un nouvel article ainsi rédigé : « Les « ressortissants d'un belligérant habitant sur le territoire « de la partie adverse ne seront pas internés à moins que « les exigences de la guerre n'en imposent la nécesssité. » Les pratiques des guerres du Transvaal et de Cuba étaient ainsi reconnues sous le couvert de la nécessité. Les camps de concentration justifiés devenaient alors un moyen commode d'atteindre les habitants paisibles, d'où la ruine des efforts tentés pour restreindre le plus possible les effets de la guerre. La Conférence ne pouvait entrer dans cette voie ; le texte énergiquement combattu fut repoussé. Une proposition analogue du comte Tornielli, au sujet des expulsions, fut également écartée dans la crainte de porter atteinte au droit actuel d'expulsion individuelle.

II. — Dispositions relevant de l'action humanitaire

« Les dispositions intéressant les prisonniers de guerre « sont de deux ordres distincts : Ces mesures relèvent, « d'une part, des lois et usages de la guerre, de l'autre, de « l'action humanitaire et de l'assistance charitable. » (1) Les premières viennent d'être étudiées, les secondes font l'objet des articles 14 à 20, inspirés par M. Edouard Romberg. « Hommes et malheureux » suivant l'expression de Vattel, les prisonniers ne pouvaient manquer d'éveiller la charité. Déjà, en 1864, leur sort attira l'attention de la Conférence de Genève; mais l'objet particulier de cette dernière ne permit pas une étude approfondie de la question (2). En 1874, saisie par le comité belge de l'Association internationale de secours pour les prisonniers de guerre, d'une demande tendant à régulariser et à faciliter la mission des sociétés d'assistance aux prisonniers et à introduire certains adoucissements à la condition de

(1) E. Romberg, Belligérants, blessés, prisonniers de guerre. p. 24 et s.

(2) Remarquons, que sous réserve des soins dont ils ont besoin, les blessés et les malades dont s'occupe la Convention de Genève, sont des prisonniers de guerre. Pourtant ce caractère ne leur fut reconnu qu'en 1906. (Conf. art. 2, Conv. de Genève de 1906).

ceux-ci, la Conférence de Bruxelles se contenta de signaler les propositions que lui fit à ce sujet le délégué belge baron Lambermont « à la sérieuse attention » des gouvernements (1). La Conférence de 1899 devait enfin légiférer à ce sujet (2).

« Il est constitué, dès le début deshostilités, dit l'article « 14 du réglement, dans chacun des Etats belligérants, et, « le cas échéant, dans les pays neutres qui auront recueilli « des belligérants sur leur territoire, un bureau de rensei-« gnements sur les prisonniers de guerre. Ce bureau, « chargé de répondre à toutes les demandes qui les con-« cernent, reçoit des divers services compétents toutes les « indications nécessaires pour lui permettre d'établir une « fiche individuelle pour chaque prisonnier de guerre. « Il est tenu au courant des internements et des muta-« tions, ainsi que des entrées dans les hôpitaux et décès.

« Le bureau de renseignements est également chargé « de recueillir et de centraliser tous les objets d'un usage « personnel, valeurs, lettres etc., qui seront trouvés sur « les champs de bataille ou délaissés par des prisonniers « décédés dans les hôpitaux et ambulances, et de les trans-« mettre aux intéressés ».

(1) Le projet prévoyait un signe distinctif pour les membres des associations de secours aux prisonniers : brassard blanc avec croix bleue.

(2) Jusque là la situation des prisonniers de guerre avait été l'objet de réglements d'ordre intérieur. En France, le 1er réglement sur la matière datait de 1859 ; il avait un caractère général ; il était en vigueur en 1870. A la suite du grand congrès de 1889 sur les œuvres humanitaires en temps de guerre, il fut révisé en 1893. Ce nouveau réglement fut souvent cité à la Haye, en 1899.

L'article fut complété en 1907 sur les propositions des délégations de Cuba et du Japon. L'amendement cubain demandait que les mises en liberté sur parole, les échanges, les évasions fussent également enregistrés par les bureaux. De même seraient centralisés et transmis aux intéressés, non pas seulement les objets d'un usage personnel recueillis sur les champs de bataille ou dans les hôpitaux et ambulances, mais encore, ceux délaissés par les prisonniers libérés sur parole, échangés ou évadés. L'article 14 du règlement de 1899 affirmait, une fois de plus, le principe du respect de la propriété privée ; l'article 14 de 1907 consacre, en outre, la règle que l'évasion n'est pas un délit, qu'elle est exempte de sanction lorsqu'elle réussit. La proposition japonaise visait à la bonne organisation du service. « La fiche individuelle sera remise au « gouvernement de l'autre belligérant après la conclusion « de la paix; le Bureau y devra porter, numéro matricule, « nom et prénom, âge, lieu d'origine, grade, corps de « troupes, date et lieu de la capture, de l'internement, des « blessures et de la mort ainsi que toutes observations « particulières. »

L'article 15 réglemente le concours des sociétés de secours pour les prisonniers de guerre, sociétés qui ne sauraient se passer de « l'intervention de l'Etat qui seul, « grâce à ses nombreux agents, est à même de fournir « toutes les indications relatives aux prisonniers et aux « mutations dont ils sont l'objet » (1). Il fixe les condi-

(1) Brenet. Loc. citée p. 232.

tions générales imposées à ces sociétés pour être autorisées par les gouvernements à accomplir la mission qu'elles se proposent. « Les sociétés de secours pour les « prisonniers de guerre, régulièrement constituées selon « la loi de leur pays et ayant pour objet d'être les inter- « médiaires de l'action charitable, recevront de la part « des belligérants, pour elles et pour leurs agents dûment « accrédités, toute facilité, dans les limites tracées par les « nécessités militaires et les règles administratives, pour « accomplir efficacement leur tâche d'humanité. Les dé- « légués de ces sociétés pourront être admis à distribuer « des secours dans les dépôts d'internement, ainsi qu'aux « lieux d'étapes des prisonniers rapatriés, moyennant une « permission personnelle délivrée par l'autorité militaire « et, en prenant l'engagement par écrit de se soumettre à « toutes les mesures d'ordre et de police que celle-ci « prescrirait » En suggérant cet article, M. Romberg espérait pouvoir constituer des sociétés nationales de secours aux prisonniers et un comité international leur servant de lien. Jusqu'ici les tentatives sont demeurées vaines, parce que ces sociétés n'offrent pas assez d'intérêt pour un public refusant de croire sérieusement à la guerre. De là, l'idée adoptée par les congrès de la Croix-Rouge à Saint-Pétersbourg en 1902, à Londres en 1907, d'utiliser les sociétés de secours aux blessés et aux malades. Une section de ces sociétés serait chargée spécialement des prisonniers de guerre ; elle disposerait des secours spéciaux envoyés pour ceux-ci sans toucher à ceux destinés aux blessés et aux malades. Quant au mode d'action, il est peu probable que les belligérants laissent les délégués des sociétés étrangères circuler sur leur territoire ; ces dernières adresseraient alors aux sociétés nationales, qui les répartiraient, les secours qu'elles destinent aux prisonniers. Le comité international de la Croix-Rouge siégeant à Genève servirait d'intermédiaire entre les sociétés des deux belligérants ; ou bien, des délégués de ce comité international, après autorisation des deux belligérants, se mettraient en rapport avec les prisonniers. Conformément à cette idée, à la 9e conférence internationale de la Croix-Rouge tenue à Washington du 7 au 17 mai 1912, le rapport présenté par M. du Payrat sur le rôle des sociétés de la Croix-Rouge dans l'assistance aux prisonniers de guerre, invitait, dans ses conclusions, ces sociétés à organiser dans leur sein dès le temps de paix, une commission spéciale chargée, en temps de guerre, de recueillir et de confier aux bons soins du Comité international de Genève, les secours qui lui seraient remis pour les militaires en activité. La conférence émit un vœu conforme à ces conclusions, vœu qui fut renvoyé à l'étude des comités centraux des diverses sociétés. Sur la proposition de M. le comte de Pourtalès, la conférence décida que ces comités centraux devront lui faire connaître, pour le 1er juin 1913 au plus tard, les mesures qu'elles auront prises à ce sujet (1).

(1) Conf. Rapport du général Michal., *Bulletin mensuel de la Société française de secours aux blessés militaires*, (Août. septembre, octobre 1912).

Seul des 17 articles du chapitre 2, l'article 16 a été quelque peu discuté à la Conférence de 1899, parce qu'il mettait les Puissances dans l'obligation de modifier leurs conventions postales et autres.

« Les bureaux de renseignements jouissent de la fran-« chise de port. Les lettres, mandats et articles d'argent, « ainsi que les colis postaux destinés aux prisonniers de « guerre ou expédiés par eux, seront affranchis de toutes « les taxes postales, aussi bien dans les pays d'origine et « de destination que dans les pays intermédiaires.

« Les dons et secours en nature destinés aux prison-« niers de guerre seront admis en franchise de tous droits « d'entrée et autres, ainsi que des taxes de transport sur « les chemins de fer exploités par l'Etat. »

Conformément à cette disposition, la Convention postale universelle admet en franchise les « correspondances « concernant les prisonniers de guerre, expédiées ou re-« çues, soit directement, soit à titre d'intermédiaire, par « les bureaux de renseignements qui seraient établis « éventuellement pour ces personnes, dans des pays bel-« ligérants ou dans des pays neutres ayant recueilli des « belligérants sur leur territoire. »

« Les correspondances destinées aux prisonniers de « guerre ou expédiées par eux sont également affranchies « de toutes taxes postales, aussi bien dans les pays d'ori-« gine et de destination que dans les pays intermédiaires. » Enfin « les belligérants recueillis et internés dans un pays « neutre sont assimilés aux prisonniers de guerre propre-

« ment dits, en ce qui concerne l'application des disposi-
« tions ci-dessus (1) ».

L'article 17 du règlement de 1899 : « Les officiers pri-
« sonniers pourront recevoir le complément, s'il y a lieu,
« de la solde qui leur est attribuée dans cette situation par
« les réglements de leur pays, à charge de remboursement
» par leur gouvernement », fut modifié en 1907. La délégation japonaise proposa un texte accordant aux officiers prisonniers une solde convenable. Trop de latitude en eût résulté pour les gouvernements qui auraient pu ne rien allouer ou allouer des soldes excessives. Renvoyée à la commission d'examen, la question fut réglée par analogie avec l'article 13 de la Convention de Genève revisée en 1906, qui assure au personnel sanitaire prisonnier les mêmes allocations et la même solde qu'au personnel de même grade de l'armée de l'Etat capteur (2) Le nouvel article 17 fut donc ainsi rédigé : « Les officiers prison-
« niers recevront la solde à laquelle ont droit les officiers
« de même grade du pays où ils sont retenus, à charge de
« remboursement par leur gouvernement. »

L'article 18 laisse toute latitude aux prisonniers pour l'exercice de leur religion, « y compris l'assistance aux
« offices de leur culte, à la seule condition de se confor-

(1) Union postale universelle, actes du congrès postal de Rome (26 mai 1906). I. Convention postale universelle art. 11 § 4. (*Journal officiel* du 3 octobre 1907).

(2) Frantz Despagnet. Loc. cit. note 2 page 870.

« mer aux mesures d'ordre et de police prescrites par « l'autorité militaire. »

Art 19. — « Les testaments des prisonniers de guerre « sont reçus ou dressés dans les mêmes conditions que « pour les militaires de l'armée nationale.

« On suivra également les mêmes règles en ce qui con- « cerne les pièces relatives à la constatation des décès, « ainsi que pour l'inhumation des prisonniers de guerre, « en tenant compte de leur grade et de leur rang ». Le Japon tint également compte, en 1904-1905, des coutumes et de la religion des Russes, qui, contrairement aux siennes, étaient opposées à l'incinération. Il inhuma ces derniers, sauf lorsque l''incinération était nécessaire pour éviter la propagation des maladies contagieuses (1).

L'article 20 décide : « Après la conclusion de la paix, « le rapatriement des prisonniers de guerre s'effectuera « dans le plus bref délai possible » ; la règle étant que la captivité des prisonniers de guerre cesse de droit par la conclusion de la paix.

Inspiré par l'article 23 du projet de convention internationale sur les prisonniers de guerre, dû à M. E. Romberg, cet article 20 ne reproduit pas le 2e paragraphe dudit projet : « aucun prisonnier ne pourra être retenu, ni sa « libération différée pour des condamnations prononcées « ou des faits intervenus depuis sa capture, si ce n'est « pour des crimes ou délits de droit commun ». L'intérêt

(1) Frantz-Despagnet, Loc. cit. p. 891. E. Romberg, loc. cit. p. 102 et s. (*Projet de convention internationale sur les prisonniers de guerre*).

de ce texte n'échappait cependant pas à la Conférence, qui pensa adopter une disposition en ce sens. Mais les Allemands s'y opposèrent, parce que, si toute condamnation motivée par des faits contraires à la discipline disparaissait, il serait très difficile de maintenir cette dernière dès que l'on serait sur le point de conclure la paix. Tout devait donc dépendre des circonstances. A la fin de la guerre de Mandchourie, Russes et Japonais gracièrent leurs prisonniers condamnés pour fautes contre la discipline.

Votés presque sans débat, les articles du chapitre II sont aussi ceux qui seront très probablement les plus respectés. L'humanité triomphe ici complètement ; la charité même y obtient droit de cité. L'accord était facile, depuis longtemps déjà les mœurs en acceptaient les principes. D'ailleurs ici encore, la Conférence de Bruxelles avait déblayé le terrain ; elle avait inspiré les réglements militaires de plusieurs Etats, notamment de la France, de l'Espagne, de la Russie, de l'Italie, du Portugal et de l'Autriche. Le règlement français du 21 mars 1893 sur les prisonniers de guerre devança la Convention de la Haye ; sauf en ce qui concerne les sociétés de secours et la franchise postale et de transport, il en avait adopté les différentes dispositions. Les guerres récentes avaient, du reste, prouvé l'utilité de ces articles, surtout des articles 14 à 20. Dès 1854, M. le prince Demidoff établit à Constantinople une sorte de bureau de renseignements. En 1870, l'Allemagne en avait un à Berlin. La charité privée suppléa en France au manque d'organisation officielle. Le comité de la Croix-Rouge de Genève établit à Bâle une agence, qui étendit sa sollicitude sur les prisonniers de guerre; un comité international de secours fut bientôt fondé pour s'occuper exclusivement de ces derniers. D'autres, analogues, furent également formés dans un grand nombre de villes, tant en France qu'en Allemagne, en Belgique et en Autriche. Le comité de Bruxelles, transformé en société internationale de secours pour les prisonniers de guerre, prit pour programme : « faire pour les prisonniers « de guerre sans distinction de nationalité, avec l'agré- « ment des gouvernements belligérants, ce que la Con- « vention de Genève a fait pour les blessés ; adoucir par « des secours de toute nature la position des prisonniers « de guerre ; leur faciliter, aux conditions fixées par les « gouvernements, les relations avec leurs familles, multi- « plier autour d'eux les ressources de la vie intellectuelle, « morale et religieuse » (1). Pendant la guerre russo-japonaise, le Japon fonda un bureau de renseignements qui fonctionna régulièrement et rendit de grands services.

N'offrant donc aucun écueil, la question des prisonniers de guerre fut traitée avec un soin, une minutie, une précision incontestables (2). Et, le croyons-nous, à part quelques légères retouches, la Conférence fit une œuvre durable.

(1) E. Romberg. *Belligérants, blessés, prisonniers de guerre*, p. 26 et s.

(2) G. de Lapradelle. *La Conférence de la Paix* (la Haye, 18 mai, 29 juillet 1899), p. 81 et s.

Paragraphe II

Des belligérants internés et des blessés soignés chez les neutres

La guerre de 1870 avait mis en relief les services que l'humanité pouvait attendre de l'internement en pays neutre. La Belgique avait recueilli les fugitifs de Sedan, la Suisse avait recueilli l'armée de Clinchant. Avec un dévouement dont le souvenir est un devoir pour nous, Français, l'une et l'autre prodiguèrent à nos malheureux soldats tous les soins, tous les secours imposés par leur extrême dénuement (1). La Conférence de Bruxelles ne pouvait l'oublier; elle étudia la question des belligérants internés et des blessés soignés chez les neutres ; elle en fit l'objet des articles 53 à 56 de sa déclaration. Malheureusement celle-ci resta à l'état de projet, aucune Puissance ne consentant à l'adopter. En 1899, à la Haye, l'étude fut reprise et les articles 53 à 56 de Bruxelles, complétés, devinrent les articles 57 à 60 du réglement concernant « les lois et coutumes de la guerre sur terre », y formant une 4e section qui ne figure plus dans le réglement de 1907 (2). Alors, la Conférence estima que ces questions, qui se rattachent aux droits et devoirs des

(1) Conf. Brenet. Loc. citée, p. 239 et s.

(2 Dans la conception première du réglement de 1899, la question des belligérants internés et des blessés soignés chez les neutres était traitée avant celles relatives à l'autorité militaire sur le territoire de l'Etat ennemi, et à la belligérance.

Etats neutres, ne devaient pas trouver place dans un réglement régissant les rapports des belligérants entre eux ou avec les habitants d'un territoire envahi ou occupé(1), Elle les comprit dans la Convention concernant les droits et les devoirs des Puissances et des personnes neutres en cas de guerre sur terre. Cependant elles intéressent également les belligérants ; car, à leur sujet, il y a lieu de s'occuper de la situation du vainqueur et de celle du vaincu. La première, il est vrai, n'offre aucune difficulté. Le vainqueur, dans aucun cas, même s'il poursuit le vaincu, ne peut franchir la frontière. Dès qu'il l'a franchie, celui-ci est sous la protection de l'Etat sur le territoire duquel il s'est réfugié. Avant 1899, cet Etat décidait seul s'il devait le livrer au vainqueur, le laisser libre ou l'interner. L'humanité protestait contre la première de ces décisions ; les principes de la neutralité ne pouvaient toujours admettre la seconde ; restait la dernière, qui d'ailleurs ne pouvait être imposée. Mais il était intéressant de la réglementer, et de réglementer aussi l'internement lui-même. L'une et l'autre font actuellement l'objet des articles 11 à 15 de la Convention dont il est parlé ci-dessus (2). Or, traitant du sort que les circonstances peuvent réserver à l'un des belligérants, nous croyons que leur étude entre dans le cadre de notre ouvrage. Et comme la situation de l'in-

(1) Conf. 3e *rapport à la Conférence du* BARON EISEL DE GIESLINGEN.

(2) Ces articles forment le ch. II : *Des belligérants internés et des blessés soignés chez les neutres*, de la dite Convention.

terné, sans être identique à celle du prisonnier de guerre, lui est cependant analogue, nous nous en occuperons dans un 2e paragraphe du chapitre II, traitant déjà, dans un premier paragraphe, des prisonniers de guerre.

Inspiré par un sentiment d'humanité, l'article 11 de la Convention (1) concernant les droits et les devoirs des Puissances et des personnes neutres en cas de guerre sur terre, devait encore tenir compte des lois de la guerre et des règles de la neutralité. Il lui fallait accorder le plus possible et les uns et les autres, s'efforcer d'être favorable au vaincu sans nuire à l'intérêt du vainqueur. Or, le but que poursuit ce dernier est la ruine des moyens de défense de l'ennemi. En ce qui concerne la troupe réduite à demander asile au neutre, ce but sera atteint lorsqu'elle sera mise dans l'impossibilité de reprendre les armes. Telle sera donc la condition de l'hospitalité du neutre. « La « Puissance neutre qui reçoit sur son territoire des trou- « pes appartenant aux armées belligérantes, les internera, » autant que possible loin du théâtre de la guerre.

« Elle pourra les garder dans des camps, et même les « enfermer dans des forteresses ou dans des lieux appro- « priés à cet effet.

« Elle décidera si les officiers peuvent être laissés li- « bres en prenant l'engagement sur parole de ne pas quit- « ter le territoire neutre sans autorisation. »

De là pour le neutre, l'obligation de prendre les me-

(1) Art. 53 de Bruxelles, 57 de 1899.

sures nécessaires pour empêcher le retour des réfugiés dans les armées de leur pays ; obligation bien lourde pour les petits Etats, qui, jointe à celle de l'article 14 les chargeant de la surveillance des convois de blessés et de malades pour s'assurer qu'ils ne transportent ni personnel, ni matériel de guerre, serait parfois impossible à certains. Aussi le 6 juin 1899, M. Eyschen, premier délégué luxembourgeois, faisait observer que le traité de Londres du 11 mai 1867 avait par ses articles 2, 3 et 5 désarmé le gouvernement luxembourgeois, et ne lui permettait notamment d'entretenir que le nombre de troupes nécessaires au maintien du bon ordre. « Il en résulte, ajoutait-il, que « le Luxembourg ne saurait assumer les mêmes obliga- « tions que les autres Etats ». Sur cette observation très justifiée, il lui fut donné acte de la réserve faite par son pays de ses droits résultant du traité de Londres et spécialement des articles 2, 3 et 5 (1).

Comprenant qu'ils ne pouvaient d'avance assumer une telle responsabilité, les petits Etats demandèrent et firent admettre que les articles de notre chapitre auraient un caractère purement facultatif. Le neutre n'est donc pas tenu du devoir d'asile ; cependant, par raison d'humanité, il ne s'y refusera pas. Alors, il décida librement des mesures à prendre pour imposer aux réfugiés l'observation de la condition de l'hospitalité. Et ce sera pour ces der-

(1) *Procès-verbaux de la 1re Conférence de la Paix*, IIIe partie, p. 108 et s; G. DE LAPRADELLE, loc. cit., p. 87.

niers, un devoir d'honneur que de s'y soumettre loyalement, car, en franchissant la frontière, ils s'y sont engagés. La reconnaissance leur commande, d'ailleurs, d'éviter à leur hôte tout ce qui pourrait lui créer des difficultés ou un surcroît de surveillance (1).

En 1907, un amendement japonais demandait que la mise en liberté sur parole ou l'autorisation donnée à un interné de rentrer dans son pays, fût subordonnée à l'assentiment de la partie adverse, et soumise aux conditions stipulées par elle. Mais cet amendement ne fut point accepté de la deuxième commission, qui rejeta également un deuxième amendement japonais, assimilant, en cas de violation, la parole donnée à l'Etat neutre, à celle donnée à l'Etat ennemi (2). « Elle a considéré, dit en parlant « de la 2e Commission, le colonel Borel dans son rapport « à la Conférence, l'autorisation donnée à un interné, de « rentrer temporairement dans son pays comme chose « trop exceptionnelle pour qu'il soit nécessaire de la réglementer en termes exprès. Elle a reconnu, par contre, « que la proposition japonaise contenait une indication « utile à l'adresse de l'Etat désireux de mettre sa responsabilité entièrement à couvert ». Car l'Etat neutre, ac-

(1) Conf. A. Mérignhac, loc. cit., p. 373. Rivier, loc. cit., II, p. 396.

(2) 1° « Les officiers ou autres personnes appartenant aux forces armées « d'un belligérant, internés par un Etat neutre ne peuvent être mis en « liberté ou autorisés à rentrer dans leur pays qu'avec l'assentiment de « la partie adverse et aux conditions stipulées par elle ». — 2° « La parole « donnée à un Etat neutre par les personnes mentionnées dans l'article « précédent, sera, en cas de violation, censée équivalente à celle donnée « à la partie adverse ».

cordant la mise en liberté sur parole, est responsable de la violation des engagements qu'il fait alors contracter. En ce qui concerne l'interné lui-même, malgré le rejet de l'amendement japonais, la violation de la parole donnée au neutre est assimilable à la violation de la parole donnée à l'ennemi ; elle entraîne pour lui les mêmes conséquences s'il tombe au pouvoir de ce dernier.

« La Puissance neutre qui reçoit des prisonniers de « guerre évadés les laissera en liberté. Si elle tolère leur « séjour sur son territoire, elle peut leur assigner une ré- « sidence » (1). Cette disposition concerne les prisonniers qui, s'étant échappés du territoire d'un belligérant qui les retenait ou du territoire ennemi occupé par un belligérant, arrivent en pays neutre. Elle a été critiquée par certains auteurs qui estiment que tous les belligérants entrés sur le territoire neutre devraient être internés (2). La deuxième conférence de la paix n'adopta pas cette opinion, car dans certains cas, dans l'hypothèse actuelle par exemple, interner le prisonnier serait aider le belligérant capteur à le garder.

Internée, l'armée n'a plus aucun pouvoir pour imposer sa volonté à ses prisonniers qui recouvreront alors leur liberté. Cependant l'avis contraire a été soutenu, ce qui suscita un assez long débat lors de la discussion, à la Conférence de 1907, du deuxième paragraphe de l'article 13

(1) Art. 13, § 1.

(2) Conf. *M.* Duplessix. *Revue générale de droit international public*, 1909, p. 660.

étendant à ces prisonniers les dispositions du premier paragraphe. La Conférence de 1899, imitant celle de Bruxelles, avait négligé la question ; un doute était donc permis sur la conduite du neutre à ce sujet. Certains auteurs prétendaient qu'il devait soumettre au même régime de l'internement, la troupe contrainte à lui demander asile et les prisonniers qu'elle amenait avec elle (1). Pourtant, s'il est vrai que l'hospitalité du neutre est une intervention dans les affaires des belligérants, s'il est vrai que cette intervention est une exception au principe général qui est l'abstention, cette intervention ne peut se comprendre qu'autant qu'elle reste strictement subordonnée dans ses effets aux raisons qui l'ont fait admettre. Basée sur un sentiment d'humanité, elle est sans excuse dès qu'elle devient indifférente à l'humanité ; et l'on ne peut prétendre retenir, au nom de celle-ci, les prisonniers de l'armée fugitive. Ici, le principe général doit dicter la solution. S'il fût demeuré seul à inspirer la conduite du neutre, celui-ci se serait opposé à l'entrée, sur son territoire, du vaincu qui aurait été contraint à se rendre au vainqueur. Alors, ses prisonniers auraient recouvré leur liberté. Telle doit être encore pour ces derniers, le résultat de l'internement de la troupe qui les avait capturés. Et poussant plus loin la logique, nous croyons que les armes, le matériel du vaincu devaient être livrés au

(1) Conf. PILLET. *Droit de la guerre*, t. II, p. 284. *Manuel français*, p. 82.

vainqueur. Là encore, l'action du neutre a dépassé le but, parce que le sort du matériel est indifférent à l'humanité. En 1907, un amendement hollandais demandait que le matériel pris antérieurement par l'armée, aujourd'hui vaincue, fût, à la paix, rendu à son ancien propriétaire. C'est là, croyons-nous, une distinction inutile entre les matériels ayant appartenu à l'un ou à l'autre des belligérants ; parce que la prise du matériel de guerre crée « en « faveur du capteur un droit de propriété immédiat, qui « place ce matériel sur le même pied que le propre maté- « riel du capteur (1) ». Un principe, la non-intervention existe et peut seul donner la solution, puisqu'ici l'exception, l'intervention, n'a aucune raison d'être. Or, le neutre se fût-il abstenu, tout le matériel en la possession de l'armée fugitive serait tombé entre les mains du vainqueur. L'intervention a mis obstacle à ce résultat qui n'avait cependant rien de contraire à l'humanité. Aussi, conformément à l'idée qu'elle doit se borner aux mesures strictement nécessaires, afin de limiter autant que possible son influence sur la marche des événements, nous pensons, que pour tout ce qui est indifférent à l'humanité, les effets de l'intervention devraient être réduits à néant ; que par conséquent, les prisonniers de l'armée vaincue devraient être libérés immédiatement, que le matériel du vaincu devrait être livré le plus tôt possible au vainqueur, parce qu'il était possible de limiter ainsi les effets de l'in-

(1) *Rapport du colonel Borel à la Conférence.*

tervention, en n'accordant aux réfugiés l'accès du territoire neutre qu'après libération de ses prisonniers et abandon ou destruction de son matériel. Et remarquons que nous arrivons à cette solution, non par une assimilation qui nous semble difficile entre la liberté humaine et la propriété matérielle, mais parce que, prisonniers et matériel seraient tombés au pouvoir de l'ennemi (1).

(1) Conf. A. DE BUSTAMANTE, loc. cit., p. 391. — La Convention entre le général Herzog, général en chef de l'armée de la Confédération suisse et le général Clinchant, général en chef de la première armée française, dont voici le texte :

1° L'armée française demandant à passer sur le territoire suisse, déposera en y pénétrant, ses armes, équipements et munitions.

2° Ces armes, équipements et munitions, seront restitués à la France après la paix et après le règlement définitif des dépenses occasionnées à la Suisse par le séjour des troupes françaises ;

3° Il en sera de même pour le matériel d'artillerie et ses munitions ;

4° Les chevaux, armes et effets des officiers seront laissés à leur disposition ;

5° Des dispositions ultérieures seront prises à l'égard des chevaux de troupe ;

6° Les voitures de vivres et de bagages, après avoir déposé leur contenu, retourneront immédiatement en France avec leurs conducteurs et leurs chevaux ;

7° Les voitures du Trésor et des Postes seront remises avec tout leur contenu à la Confédération helvétique qui en tiendra compte lors du règlement des dépenses ;

8° L'exécution de ces dispositions aura lieu en présence d'officiers français et suisses désignés à cet effet ;

9° La Confédération se réserve la désignation des lieux d'internement pour les officiers et pour la troupe ;

10° Il appartient au Conseil d'indiquer les prescriptions de détail destinées à compléter la présente convention.

Fait en triple expédition aux Verrières
le 1er février 1871,

Signé : CLINCHANT. *Signé* : HERZOG.

Cependant la Conférence de 1907 n'adopta de dispositions qu'en faveur des premiers, gardant le silence en ce qui concerne le second. « La même disposition (1) est « applicable aux prisonniers de guerre amenés par des « troupes se réfugiant sur le territoire de la Puissance « neutre (2) ».

Le plus souvent, le devoir d'hospitalité entraînera le neutre à fournir aux internés tout ce qui pourrait leur être nécessaire, à charge de remboursement par leur gouvernement : « A défaut de convention spéciale, la Puis- « sance neutre fournira aux internés les vivres, les « habillements et les secours commandés par l'humanité.

« Bonification sera faite, à la paix, des frais occasionnés « par l'internement » art. 12 (3). Enfin « la Convention de « Genève s'applique aux malades et aux blessés internés « sur le territoire neutre » art. 15 (4).

Le passage à travers le territoire neutre des malades et des blessés a souvent pour résultat de leur éviter de longs détours ; or, la rapidité étant souvent une condition nécessaire à leur rétablissement, l'humanité devait réclamer cette nouvelle dérogation aux règles de la neutralité. L'accord des Puissances, à ce sujet, ne se fit cependant pas sans difficulté. La déclaration de Bruxelles avait décidé : « l'État neutre pourra autoriser le passage par son

(1) Celle du paragraphe 1 de l'article 13.
(2) Art. 13, paragraphe 2.
(3) Art. 54 de 1874, 58 de 1899.
(4) Art. 56 de 1874, 60 de 1899.

« territoire des blessés ou malades appartenant aux armées « belligérantes, sous la réserve que les trains qui les « amèneront ne transporteront ni personnel, ni matériel « de guerre, — En pareil cas, l'État neutre est tenu de « prendre les mesures de sûreté et de contrôle nécessaires « à cet effet », art. 55. Cette surveillance constituait une charge pour le neutre, aussi les petits États protestèrent énergiquement à la Haye, en 1899, contre « une servitude « de passage aussi dangereuse à cause des responsabilités « qu'elle entraîne » (1). La proposition fut admise cependant, elle devint le 1er paragraphe de l'article 59 de 1899 devenu, en 1907, l'article 14 de la convention concernant les droits et les devoirs des Puissances et des personnes neutres en cas de guerre sur terre (2). Mais elle « n'a « d'autre portée que d'établir que des considérations « d'humanité et d'hygiène peuvent déterminer un État « neutre à laisser passer des soldats blessés ou malades à « travers son territoire, sans manquer aux devoirs de la « neutralité » (3), La règle est donc facultative, mais son application, quand elle a lieu, doit être impartiale pour les deux belligérants. L'humanité ne triomphe donc pas complètement.

L'article 55 de Bruxelles ne prévoyait le sort ni des

(1) G. DE LAPRADELLE, loc. citée, p. 87.

(2). La situation des militaires blessés, transportés par voie de mer, est prévue par la Convention pour l'adaptation à la guerre maritime des principes de la Convention de Genève (art. 8 de 1899, art. 11 de 1907).

(3) *Procès-verbaux de la Conférence de la Paix*, IIIe partie, p. 117,

blessés et malades qui séjournaient chez le neutre, ni des blessés et malades prisonniers amenés chez ce dernier par leur capteur. La Conférence de 1899 en fit l'objet du 2e paragraphe de son article 59 (1). « Les blessés ou malades « amenés dans ces conditions (celles du 1er paragraphe) « sur le territoire neutre par un des belligérants et qui « appartiendraient à la partie adverse, devront être gardés « par la Puissance neutre, de manière qu'ils ne puissent « de nouveau prendre part aux opérations de la guerre. « Cette Puissance aura les mêmes devoirs quant aux « blessés ou malades de l'autre armée qui lui seraient « confiés » (2). Pourquoi cette solution différente de la précédente? Le blessé, le malade qui passe bénéficie d'une dérogation aux devoirs de la neutralité sans perdre aucune de ses facultés; le blessé, le malade qui séjourne est interné, de même que le blessé, le malade prisonnier. Il est vrai, ce dernier ne saurait être plaint puisque sa situation est en quelque sorte améliorée; mais il en est autrement du blessé, du malade, interné du seul fait de son séjour chez le neutre. Dans tous ces cas, il y a dérogation aux règles de la neutratité (3), et dérogation admise au

(1) Art. 14 de 1907.

(2) *Résultat d'un amendement belge à l'art. 55 de Bruxelles.*

(3) C'est pourquoi, certains auteurs soutiennent qu'on aurait dû subordonner le transport par un belligérant des blessés et des malades à travers le territoire neutre au consentement de l'adversaire. Conf. MM. J. Dumas et Duplessix. *Revue générale de droit international public*, 1909, p. 289 et 660. Pour ce dernier auteur, aucun convoi de blessés ou de malades belligérants ne devrait être autorisé sur le territoire neutre. Le neutre devrait refuser le passage à tout belligérant, quel que soit le motif invoqué.

nom de l'humanité ; alors le résultat devrait être le même. Les petites Puissances, surtout celles condamnées à une neutralité perpétuelle, ne l'ont pas voulu comme elles n'ont pas voulu de l'obligation quant au passage sur leur territoire. L'amendement de M. Beernaert à l'art. 55 de Bruxelles, eut ce résultat de faire admettre deux solutions différentes à deux situations qui n'en comportaient qu'une seule. Il met obstacle à l'usage d'une mesure d'humanité, parce que cet usage semblait une trop lourde charge pour le neutre. Sachant, en effet, que ses prisonniers sont perdus pour lui, s'ils franchissent la frontière, sachant que ses blessés et ses malades le sont également s'ils séjournent, le belligérant évacuera les premiers à travers son propre territoire; personne parmi les seconds sauf les morts et les mourants ne s'arrêtera en route, dût l'humanité en souffrir. Avec notre chapitre, cette dernière n'obtient donc qu'un succès relatif, parce que les concessions arrachées aux intérêts sont subordonnées à la volonté du neutre.

CHAPITRE III

Des malades et des blessés

« Les obligations des belligérants concernant le service « des malades et des blessés sont régies par la Convention « de Genève du 22 août 1864, sauf les modifications dont « celle-ci pourra être l'objet » (1). Cette réserve faisait allusion au premier vœu de la Conférence de 1899.

« La Conférence, prenant en considération les démar- « ches faites par le Gouvernement fédéral suisse pour la « révision de la Convention de Genève, émet le vœu qu'il « soit procédé à bref délai à la réunion d'une Conférence « spéciale ayant pour objet la révision de cette conven- « tion » (2).

Conformément à ce vœu, une conférence se réunit à Genève au mois de juin 1906. Elle aboutit le 6 juillet à une convention en 33 articles, qui fixe actuellement, en ce qui concerne les malades et les blessés, le droit international. En 1907, la Conférence de la paix reproduit l'article 21 de 1899, mais en supprime toutefois la réserve finale devenue sans objet, ainsi que l'indication d'une date pour la convention de Genève à laquelle elle renvoyait.

(1) Art. 21 de 1899.
(2) 1er vœu de l'acte final de 1899.

SECTION 2

Des hostilités

CHAPITRE 1

DES MOYENS DE NUIRE A L'ENNEMI, DES SIÈGES ET DES BOMBARDEMENTS

Les chapitres 2 et 3 de la section 1 visaient à améliorer le sort des victimes de la guerre. Hors de combat, ces dernières deviennent indifférentes à l'intérêt, qui s'efface devant l'humanité. Le droit international est alors établi, admis de tous sans restriction, sans arrière-pensée. Avec le chapitre 1 de la section 2, l'intérêt reprend l'influence prépondérante, parce que les moyens de nuire à l'ennemi lui sont intimement liés. Et s'il admet des concessions, trop souvent, elles sont plus apparentes que réelles : les restrictions motivées par la nécessité leur donnent la valeur d'un trompe-l'œil, d'une satisfaction platonique à l'humanité. Les Puissances ne pouvaient d'ailleurs mieux faire. Contraintes, au moins dans certains cas, à recourir à la guerre par l'impossibilité d'ériger au-dessus d'elles une juridiction respectée et écoutée de tous, en toute circonstance, elles admettent le droit de la force, droit brutal et aveugle. Chacune entend alors s'en réserver les avantages, chacune entend recourir aux moyens, si barbares soient-ils, qui lui assureront le succès.

L'humanité voulait la condamnation de la guerre, la guerre fut maintenue parce que inévitable. Or la guerre, c'est la force imposant sa volonté, et de nos jours, la force sans la science n'est que faiblesse. A cette dernière, les Puissances s'adressent sans cesse, lui demandant constamment des moyens nouveaux de nuire ou de résister à l'ennemi. Et la question s'est posée, que sera la guerre future ? L'on entrevit l'immense sacrifice d'hommes qu'elle exigerait ; alors on songea à mettre obstacle au perfectionnement des engins meurtriers, à retirer à la force les services de la science. C'était mal résoudre le problème : résistance et attaque profitant également des découvertes, les effets destructeurs d'armes offensives plus puissantes sont constamment contrariés par des moyens de résistance plus puissants. Si donc ici, la science exerce une influence, elle n'est pas exclusive ; d'autres causes, telle l'importance des armées en présence exercent aussi les leurs.

Cependant, outre qu'il fut impossible de réaliser une telle conception, ce statu quo eût consolidé les situations acquises, à moins qu'il ne fût permis aux moins outillés de rattraper le terrain perdu ; auquel cas, c'eût été donner la suprématie aux peuples ayant le nombre et la vigueur physique sur les peuples plus faibles, mais que le génie maintenait à la tête des nations. Le projet échoua. Toutefois la question des projectiles lancés du haut des ballons, celle des gaz asphyxiants ou délétères et celle des balles qui s'épanouissent dans le corps humain furent l'objet de résolutions en 1899. La première, il est vrai, conclue seulement pour une durée de cinq ans, ne fut pas renouvelée en 1907.

Ces questions, dont la place normale eût été dans notre chapitre, furent cependant étudiées séparément et par la première commission. Car le projet de prohiber de nouveaux et même d'anciens types d'engins étant motivé par des raisons d'économie, son étude entrait assez volontiers dans le cercle des travaux de cette première commission. Toutefois la deuxième commission y fait allusion dans l'article 23 du règlement : « outre les prohibitions établies par des con« ventions spéciales, il est notamment interdit..... » Vient ensuite l'énumération des moyens de nuire à l'ennemi dont l'emploi est refusé aux belligérants, conformément au principe général de l'article 22 : « Les belligérants « n'ont pas un droit illimité quant au choix des moyens « de nuire à l'ennemi ».

Pourquoi cette restriction ? Puisque la force décide du conflit, il fallait lui laisser toute liberté. Entraver sa libre disposition changera peut-être le résultat final, les conséquences pouvant en être très inégales pour les belligérants. Certes, l'humanité voudrait restreindre le nombre des victimes de la guerre ; mais ce nombre ne dépend pas seulement des moyens de nuire. Autrement redoutables que le fer et le feu, d'autres facteurs portent leurs ravages sur le théâtre des hostilités. Les maladies, les misères fauchent indifféremment combattants et non-combattants.

Plus longue sera la lutte, plus nombreuse la moisson. Terminer la guerre rapidement semble donc répondre au vœu de l'humanité. Or, les guerres ont d'autant moins de durée que les armes sont plus perfectionnées, les moyens plus énergiques. Sans doute les batailles feront alors de véritables hécatombes d'êtres humains ; elles seront moins meurtrières que les maladies et les misères.

L'humanité n'interdit pas les moyens perfectionnés de nuire à l'ennemi ; l'intérêt en exige le libre choix ; que devient alors le principe général de l'article 22 ? Les conventions spéciales auxquelles renvoie l'article 23, les prohibitions qu'il énumère lui-même, ou qu'énumèrent les autres articles du chapitre, montrent qu'il se réduit à condamner les maux superflus, les moyens déloyaux. En ce qui concerne les maux superflus, « c'est la nécessité, « dérivant de l'impossibilité d'obtenir autrement justice, « qui fonde le droit de la guerre. Une telle condition est « aussi exigée par la civilisation actuelle, par le droit « international moderne, pour justifier ou faire excuser « l'homicide, les lésions corporelles et les autres violences « sur les personnes, qui seraient punissables sans la cir- « constance de guerre publique en forme. Même à l'égard « de ceux qui peuvent être traités en ennemis, parce qu'ils « sont au nombre des défenseurs de l'autre belligérant, « on n'admet plus les violences extrêmes ou excessives « que ne rend pas nécessaires le but légitime de la guerre, « qui est seulement d'affaiblir la nation ennemie, en met- « tant hors de combat ses défenseurs, pour la contraindre

« à donner satisfaction : à plus forte raison réprouve-t-on « celles qui seraient commises contre des non-combat- « tants, par des motifs ou dans des vues ne rentrant « nullement dans la condition limitée de nécessité « absolue.

« C'était dans le temps où la barbarie était tolérée, « sinon excitée par les chefs, qu'on supposait existant le « droit de tuer à volonté un ennemi même sans défense, « et, conséquemment, celui d'exercer toutes sortes de « rigueurs contre lui, sans exception alors pour les fem- « mes et les enfants ou les vieillards. Et la civilisation « était encore imparfaite, lorsqu'on trouvait licite dans la « guerre d'employer tous moyens pour la destruction « même de l'ennemi, de refuser quartier aux prisonniers « et ainsi d'user des plus extrêmes violences. Or, ces pro- « grès ont fait prévaloir des règles fondées sur la loi natu- « relle ou morale et sur les droits de l'humanité, suivant « lesquelles il n'y a plus de guerre d'extermination, ni « d'excuse admise pour les tueries ou blessures inu- « tiles » (1).

Ainsi la guerre étant excusée par sa nécessité même, son effort doit tendre rigoureusement au but poursuivi. Vaincre toute résistance peut seulement en autoriser les actes, puisque seule cette résistance motive la lutte, qui doit cesser avec elle. De là le principe que tout mal inutile doit être évité, tout mal nécessaire peut être

(1) Achille Morin. *Les lois relatives à la guerre.*

imposé (1). Principe inspirateur du chapitre, dosant les concessions faites à l'humanité. D'où l'on ne saurait faire grief aux belligérants de lui subordonner leurs décisions. La législation de la guerre devait en tenir compte; visant un but pratique, elle limite alors ses défenses.

I. *Déclaration relative à l'emploi des balles qui s'épanouissent et s'aplatissent facilement dans le corps humain.*

Le (29 novembre-11 décembre) 1868, les Puissances signaient à St-Pétersbourg une déclaration qui a joué un grand rôle dans l'histoire du droit des gens en cas de guerre, moins à cause des dispositions qu'elle contient que des considérants qui l'accompagnent. Convoquée par la Russie, la Conférence n'était composée que de militaires ; la France était représentée par le commandant de Miribel.

« Considérant, y est-il écrit, que les progrès de la civili-« sation doivent avoir pour effet d'atténuer autant que « possible les calamités de la guerre ; — que le seul but « légitime que les Etats doivent se proposer durant la « guerre est l'affaiblissement des forces militaires de l'en-« nemi ; (2) — Qu'à cet effet il suffit de mettre hors de

(1) Conf. Ch. Pont. *Les réquisitions militaires du temps de guerre*, p. 153

(2) Ce considérant va un peu loin dans le sens humanitaire. Voici ce que dit la publication de la section historique du grand Etat-major allemand de 1902 intitulée : *Les lois de la guerre continentale.* « Une guerre « énergiquement conduite ne peut être uniquement dirigée contre l'en-« nemi combattant et ses dispositifs de défense ; mais elle tendra et devra « tendre également à la destruction de ses ressources matérielles et mora-« les. Les considérations humanitaires telles que les ménagements relatifs

« combat le plus grand nombre d'hommes possible ; — « Que ce but serait dépassé par l'emploi d'armes qui « aggraveraient inutilement les souffrances des hommes « mis hors de combat, ou rendraient leur mort inévi- « table ; — que l'emploi de pareilles armes serait dès lors « contraire aux lois de l'humanité ; les parties contrac- « tantes s'engagent à renoncer mutuellement, en cas de « guerre entre elles, à l'emploi par leurs troupes de terre « ou de mer de tout projectile d'un poids inférieur à quatre « cents grammes, qui serait ou explosible, ou chargé de « matières fulminantes ou inflammables ».

La Prusse eût désiré étendre la prohibition à d'autres engins. L'Angleterre s'y opposa sous prétexte qu'il ne fallait pas décourager les inventeurs ; mais, en réalité, parce qu'elle voulait compenser l'infériorité numérique de son armée par la puissance des engins employés.

Cependant les parties contractantes se réservèrent, et réservèrent aux parties accédantes la faculté « de s'enten- « dre ultérieurement toutes les fois qu'une proposition « précise serait formulée en vue des perfectionnements

« aux personnes et aux biens ne peuvent faire question que si la nature « et le but de la guerre s'en accommodent » et en note. « Moltke dans sa « correspondance bien connue avec le professeur Bluntschli contre la » convention de St-Pétersbourg, qui donne comme seul but légitime des « opérations de guerre l'affaiblissement des forces militaires de l'ennemi, « insiste expressément sur ce qu'au contraire toutes les ressources du « pays ennemi — finances, voies ferrées, subsistances et même le pres- « tige de son gouvernement — doivent être attaquées ». — Lettre du 11 décembre 1880, du feld-maréchal général comte de Moltke à Bluntschli (dans *Mariotti*. Loc. citée, p. 17 et s.).

« à venir, que la science pourrait apporter dans l'arme-« ment des troupes, afin de maintenir les principes qu'el-« les ont posés et de concilier les nécessités de la guerre « avec les lois de l'humanité ». Or l'humanité n'était-elle pas méconnue par l'usage des balles dum-dum ? (1) On ne pouvait cependant reprocher à l'Angleterre d'avoir violé par elles la convention de Saint-Pétersbourg ; celle-ci n'étant « obligatoire que pour les parties contractantes ou « accédantes, en cas de guerre entre deux ou plusieurs « d'entre elles », et n'étant « pas applicables vis-à-vis des « parties non-contractantes » ou non-accédantes ; et l'Angleterre n'avait employé les dum-dum que pour combattre les Indiens insurgés. Mais par les blessures qu'elles causaient, elles constituaient certainement un engin cruel et inhumain, d'où leur emploi était contraire au sentiment qui avait inspiré la Conférence. Aussi la 2e circulaire du comte Mourawieff restait muette à ce sujet. Cependant, au cours des débats, le colonel Künzli, délégué suisse, souleva la question en proposant « l'interdiction des projec-« tiles d'infanterie, dont la pointe du manteau est trouée « ou limée et de ceux, dont le passage direct à travers le « corps est entravé par un vide intérieur ou par l'emploi « du plomb mou » (2). L'Angleterre saisit l'occasion de se disculper aux yeux de l'Europe. Tous les arguments lui sont bons. Les dum-dum sont employées contre les sauva-

(1) G. de Lapradelle, loc. cit., p. 466 et s.

(2) *Rapport de la 1re sous-commission*, général den Beer Portugael, p. 3, séance 31 mai 1899, 1re commission n° 3.

ges, parce que ceux-ci, bien que plusieurs fois blessés par les balles du Lee Metford, ne cessent d'avancer. Raison, réplique M. Raffalovich, contraire à l'esprit humanitaire qui domine la fin du XIXe siècle ; raison du reste sans valeur, parce que, suivant la remarque du colonel Gilinsky, la balle est insuffisante pour arrêter les sauvages, non parce qu'ils sont sauvages, mais parce qu'elle est trop faible. D'ailleurs, il ne s'agit plus de sauvages puisque le texte proposé ne doit s'appliquer qu'entre États contractants à la Haye. La commission en présente un nouveau dans l'intention de concilier toutes les opinions. « L'emploi de balles qui s'épanouissent ou s'aplatissent « facilement dans le corps humain, telles que les balles « explosibles, les balles à enveloppe dure dont l'enveloppe « ne couvrirait pas entièrement le noyau ou serait pour- « vue d'incisions, doit être interdit » (1). En sous-commission, l'Angleterre seule vote non, l'Autriche-Hongrie s'abstient ; les autres Puissances votent oui.

Le 22 juin, devant la commission, nouveaux débats. L'Angleterre fait valoir la nécessité de pratiquer des incisions à l'extrémité des balles de fusils de petit calibre pour en augmenter les effets, la petitesse du calibre rendant la balle inoffensive ; d'ailleurs les expériences de Tübingen, qui ont donné à la balle dum-dum sa mauvaise réputation, ne sont pas concluantes, les expériences ayant été faites avec une balle « qui est d'une construction et d'un effet

(1) *Rapport du général* DEN BEER PORTUGAEL, p. 3 et 4.

« entièrement différents ». Ce n'est pas la balle de Tübingen, riposte le colonel Gilinsky, qui a été employée à la guerre ; et « l'expérience de deux guerres dans lesquelles « on s'est servi de dum-dum, a prouvé que les blessures « infligées par ce projectile sont effroyables ». Les États-Unis votent non maintenant avec l'Angleterre, le Portugal s'abstient. En conférence plénière, le 21 juillet, la lutte reprend. Le capitaine Crozier, au nom des États-Unis, plaide pour l'Angleterre et demande l'adoption du texte qu'il a déjà déposé devant la Commission : « L'emploi des « balles, qui infligent des blessures inutilement cruelles, « telles que les balles explosibles et en général toute « espèce de balles qui dépassent la limite nécessaire pour « mettre un homme immédiatement hors de combat, est « interdit ». Vains efforts, mais qui mirent un instant en danger la déclaration de St-Pétersbourg ; la Conférence adopte le texte de la Commission (1).

En 1907, le 8 juillet, les États-Unis reprennent la proposition Crozier ; mais celle-ci est éliminée sans discussion. Et la déclaration de 1899 sur l'emploi des balles qui s'épanouissent dans le corps humain, à laquelle, du reste,

(1) Déclaration n° 3. — « Les soussignés plénipotentiaires des Puis-« sances représentées à la Conférence internationale de la Paix à la Haye, « dûment autorisés à cet effet par leurs gouvernements, s'inspirant des « sentiments qui ont trouvé leur expression dans la déclaration de St-« Pétersbourg du (29 novembre-11 décembre) 1868, déclarent : les Puis-« sances contractantes s'interdisent l'emploi des balles qui s'épanouissent « ou s'aplatissent facilement dans le corps humain, telles que les balles « à enveloppe dure dont l'enveloppe ne couvrirait pas entièrement le « noyau ou serait pourvue d'incisions ».

l'Angleterre adhéra à cette époque, ne fut en rien modifiée (1). Il en fut de même, de la déclaration relative aux projectiles qui répandent des gaz asphyxiants ou délétères (2).

II. *Gaz asphyxiants ou délétères.*

Cette déclaration fut votée par toutes les Puissances participant aux travaux de la première Conférence de la paix, sauf les États-Unis et l'Angleterre. Cette dernière lui avait été d'abord favorable ; tandis que dès le début, la première, par la voix du capitaine Mahan, s'était élevée contre son objet ; parce que l'accusation de barbares a toujours été portée, à l'origine, contre des armes nouvelles : arbalètes, armes à feu, torpilles, qui ont pourtant fini par être adoptées ; parce qu'une nation pourra se trouver forcée d'employer tous les moyens utiles à sa défense. A la séance plénière du 20 juillet, l'opposition des États-Unis entraîne celle de l'Angleterre qui vote non également (3).

Actuellement, l'Angleterre ayant adhéré aux 2 déclarations ci-dessus (4), le Portugal ayant adhéré à la 1re (5),

(1) Conf. E. Lémonon. *La seconde Conférence de la Paix*, 2e édition, p. 337 et s.

(2) Conf. E. Lémonon. *La seconde Conférence de la Paix*, 2e édition, p. 337 et s.

(3) Conf. G. de Lapradelle, loc. cit., p. 45.

(4) Déclaration de sir Edouard Fry, *4e séance plénière de la Conférence* 17 août 1907.

(5) Déclaration du Comte de Sélir, *5e séance de la sous-commission*, 7 août 1907.

seuls les Etats-Unis ne l'ont pas encore fait ni pour l'une, ni pour l'autre (1).

III. *Projectiles lancés du haut des ballons*

Sous le numéro 2, les Puissances adoptèrent encore une déclaration portant « interdiction de lancer des projectiles et des explosifs du haut des ballons ou par « d'autres modes analogues nouveaux ».

Cette question figurait expressément au programme russe et, parce qu'elle semblait peu pratique, elle souleva peu de difficultés. Toutefois, en commission, l'Angleterre, la France et la Roumanie réservèrent le cas d'inventions inattendues, faisant limiter à 5 ans la durée de l'accord (2). En 1907, la Convention n'avait donc plus de valeur, aussi la circulaire russe du (24 mars-6 avril) 1906 en prévoyait le renouvellement. Le projet belge du 24 juillet conservant le texte de 1899, et subsidiairement deux amendements, l'un russe, l'autre italien, furent soumis à la 1re sous-commission. Mais par la voix de M. Renault, la délégation française combattit proposition et amendements, parce qu'inutiles ; « la disposition de l'article 25 « du règlement de 1907 sur les lois de la guerre qui inter-

(1) 2e déclaration de 1899 : « Les soussignés, plénipotentiaires des « Puissances représentées à la Conférence internationale de la Paix à la « Haye, dûment autorisés à cet effet par leurs gouvernements, s'inspirant « des sentiments qui ont trouvé leur expression dans la déclaration de « St-Pétersbourg du (29 novembre-11 décembre 1868, déclarent : les Puissances contractantes s'interdisent l'emploi de projectiles qui ont pour « but unique de répandre des gaz axphyxiants ou délétères ».

(2) Conf. G. de Lapradelle, loc. cit., p. 44, 45.

« dit le bombardement des villes et villages non défendus « ayant aussi bien pour objet le bombardement effectué « du haut de ballons ». Mise aux voix en sous-commission, la proposition belge recueillit cependant 29 votes favorables dont 2 conditionnels ; l'amendement italien auquel s'était ralliée la délégation russe, obtint 21 voix pour le premier article et 31 pour le second (1). En commission, MM. Tcharykow et Tornielli, au nom de leurs délégations, proposèrent ce nouveau texte pour l'article 25 : « Il est interdit d'attaquer ou de bombarder, soit par « l'artillerie, soit en lançant des projectiles et explosifs du « haut de ballons ou par d'autres modes analogues nou- « veaux des villes, villages, habitations ou bâtiments qui « ne sont pas défendus, et d'enfreindre, en lançant des « projectiles ou explosifs susmentionnés, les restrictions « acceptées pour les bombardements dans la guerre terres- « tre et maritime, en tant que ces restrictions sont compa- « tibles avec ce nouveau mode de combat ». Sur les observations du général Amourel, qu'il suffisait pour obtenir ce résultat d'ajouter au texte actuel de l'article 25 ces mots : « par quelque moyen que ce soit », après les mots : « il est

(1) Voici le texte de cet amendement :

« 1° Il est interdit de lancer des projectiles et des explosifs du « haut de ballons qui ne sont pas dirigeables et montés par un équipage « militaire ».

« 2° Le bombardement par les ballons militaires est soumis aux « mêmes restrictions acceptées pour la guerre terrestre et maritime en « tout ce qui est compatible avec ce nouveau mode de combat ».

(2) 2° Commission, 2e séance plénière du 14 août 1907.

« interdit d'attaquer ou de bombarder », les délégations russe et italienne retirèrent leur proposition. Alors la Commission adopte sans opposition pour l'article 25 le texte français (1). Le 17 août, en séance plénière, la Conférence l'adopte également, et adopte aussi la proposition belge relative au renouvellement de la déclaration de 1899, mais modifiée conformément à un amendement anglais demandant que l'accord fut conclu pour une durée allant jusqu'à la fin de la 3e Conférence de la paix (2), et non plus seulement pour une durée de cinq ans. La France ne crut pas devoir accepter cette déclaration. Sa délégation soutint avec raison, que s'il n'était pas permis de faire, au moyen de ballons ou autres inventions, ce qui est défendu aux batteries terrestres ou maritimes, il était par contre licite de faire tout ce que pouvaient faire ces batteries. Ainsi le général Amourel admettait que le bombardement des localités non défendues était interdit

(1) Dans la crainte que l'emploi de l'air comme champ d'action militaire ne lui fasse perdre les avantages de sa situation insulaire, l'Angleterre soutint la proposition belge. Depuis 1907, elle ne cesse pour la même raison, de faire opposition aux projets d'utilisation des ballons et avions dans les guerres futures. Elle refuse aux aéroplanes le droit de passer dans son atmosphère, ne leur accordant qu'une simple tolérance à ce sujet.

(2) « Les soussignés, plénipotentiaires des Puissances, s'inspirant des « sentiments qui ont trouvé leur expression dans la déclaration de St- « Pétersbourg du (29 novembre-11 décembre) 1868, et désirant renouveler « la déclaration de la Haye du 29 juillet 1899 arrivée à expiration décla- « rent : Les Puissances contractantes consentent, pour une période allant « jusqu'à la fin de la 3e Conférence de la paix, à l'interdiction de lancer « des projectiles et des explosifs du haut de ballons ou par d'autres « modes analogues nouveaux ».

aux ballons comme il l'était aux batteries de terre et de mer ; mais que le bombardement des villes défendues était autorisé dans tous les cas. Et il refusa sa signature (1).

Les progrès que l'aviation a fait dans ces dernières années, donnent une importance nouvelle à la question. Toutefois, ce n'est qu'en Tripolitaine qu'une première application de l'aéroplane pour lancer des projectiles a été faite ; et sans doute, la pensée du mal qui peut résulter de ce mode de combat, n'a pas été étrangère à l'arrestation du « Carthage » par les Italiens. Au cours de la Conférence de la navigation aérienne, réunie à Paris en 1910, on émit l'idée, que l'avenir serait dans la construction d'aéroplanes capables de transporter un nombre suffisant de projectiles d'une assez grande puissance ; ce qui changerait les procédés de la guerre. Ces considérations, jointes à celles que soulève l'usage actuellement courant de l'aéroplane et du dirigeable pour le service de reconnaissance, et aux rapports entre belligérants, et entre belligérants et neutres, rendent nécessaire une réglementation complète des usages de la guerre aérienne, réglementation qui, sans doute, sera comprise dans le programme de la

(1) La délégation française motiva ainsi son vote négatif : « La délégation française ne peut se rallier à la proposition de renouveler la « déclaration relative aux ballons. — Elle pense que le but humanitaire « est pleinement atteint par la prescription générale du règlement de « 1899 sur le bombardement, surtout depuis que, sur notre proposition, « les mots « par quelque moyen que ce soit » ont été ajoutés à l'interdiction prévue par l'article 25 de ce règlement ».

3e Conférence de la paix.

IV. *Le règlement de 1899 modifié en 1907*

Maux superflus. — On doit considérer comme interdites toutes les cruautés, toutes les rigueurs inutiles.

a. **Cruautés**. — Il est interdit « d'employer des armes, « des projectiles ou des matières propres à causer des « maux superflus » (1) ; car le but de la guerre serait alors dépassé. Il est interdit « de tuer ou de blesser un ennemi « qui, ayant mis bas les armes ou n'ayant plus les moyens « de se défendre, s'est rendu à discrétion » (2) ; « de « déclarer qu'il ne sera pas fait de quartier » (3). Lorsque l'homme est mis dans l'impuissance de résister, lorsqu'il se rend, le but de la guerre est atteint. Cependant autrefois, on faisait souvent au commencement d'une guerre, une déclaration annonçant qu'il ne serait pas fait de quartier. Et sous ce rapport, les autorités civiles se sont souvent montrées plus cruelles que les autorités militaires. Ainsi, la Convention nationale prit plusieurs décrets interdisant de faire des prisonniers, décrets que les généraux refusèrent presque toujours d'exécuter. Mais c'est surtout dans la guerre de siège que se faisaient ces déclarations. Alors on sommait la garnison de se rendre sous menace de la passer au fil de l'épée et de livrer la ville au pillage. Cette menace, aujourd'hui interdite, ne saurait être excusée, sous prétexte qu'elle a pour but

(1) Art. 23 e. — (2). Art. 23 c. — (3). Art. 23 d.

d'éviter une effusion de sang en cas de défense inutile ; car il n'est pas de défense inutile, puisque, si elle ne sauve pas la ville, elle retient du moins, devant cette dernière, un corps de siège qui serait peut-être très utile ailleurs. Il est d'ailleurs inadmissible qu'une garnison soit punie pour avoir fait preuve de courage et d'héroïsme.

b. **Rigueurs inutiles**. — On doit considérer comme interdites toutes les rigueurs inutiles, telles que les destructions de propriétés ennemies, à moins que ces destructions ne soient impérieusement commandées par les nécessités de la guerre (1). C'est surtout à propos des sièges, que l'on constate l'emploi des moyens les plus violents pour réduire l'ennemi. Aussi le règlement prescrit certaines mesures pour en protéger, autant qu'il se peut, les habitants paisibles. Remarquons qu'il n'y a pas à distinguer entre villes ouvertes et villes fortifiées, mais entre villes défendues et villes non défendues ; ces dernières ne devant être ni attaquées, ni bombardées par quelque moyen que ce soit (2).

« Le commandant des troupes assaillantes, avant d'en-« treprendre le bombardement, et sauf le cas d'attaque de « vive force, devra faire tout ce qui dépend de lui pour en

(1) « Il est interdit de détruire ou de saisir des propriétés ennemies, « sauf les cas où ces destructions ou saisies seraient impérieusement « commandées par les nécessités de la guerre », art. 23.

(2) « Il est interdit d'attaquer ou de bombarder, par quelque moyen « que ce soit, des villes, villages, habitations ou bâtiments qui ne sont « pas défendus », art. 25.

« avertir les autorités » (1).

« Dans les sièges et bombardements, toutes les mesures « nécessaires doivent être prises pour épargner, autant « que possible, les édifices consacrés aux cultes, aux arts, « aux sciences et à la bienfaisance, les monuments histo- « riques, les hôpitaux et les lieux de rassemblement de « malades et de blessés, à condition qu'ils ne soient pas « employés en même temps à un but militaire.

« Le devoir des asssiégés est de désigner ces édifices ou « lieux de rassemblement par des signes visibles spéciaux « qui seront notifiés d'avance à l'assiégeant » (2).

Il est difficile de méconnaître l'avantage résultant pour l'assaillant d'un bombardement par surprise ; il est difficile d'admettre qu'on ne pourra jamais bombarder une ville sur laquelle s'appuient les défenseurs. Travailleurs, vivres, encouragements moraux, lieux de repos plus confortables que les casemates et les forts : telles sont les ressources qu'elle leur fournit souvent. Aussi l'article 27 en a prévu le bombardement ; car énumérer une certaine catégorie d'établissements devant être épargnés, c'est dire implicitement que les autres peuvent ne pas

(1) Art. 26.

(2) Art. 27. — Les signes adoptés dans la guerre maritime se composent de grands panneaux rectangulaires rigides, partagés, suivant une des diagonales, en 2 triangles de couleur noire en haut, et blanche en bas. Une armée de terre, pouvant coopérer à une action navale, devra connaître ces signaux, qu'il serait désirable dans un but d'unification de voir adopter pour la guerre continentale. — Le signe protecteur des bâtiments du service hospitalier est le drapeau de la Croix-Rouge.

l'être. La raison soumet l'immunité à la condition que les bâtiments protégés ne serviraient pas à un but militaire. Les Allemands excusèrent leur tir sur la flèche de la cathédrale de Strasbourg, en affirmant qu'elle était utilisée comme observatoire par les Français. En 1907, la seconde Conférence de la paix, voulant mettre en harmonie les conventions relatives aux bombardements terrestres et navals, ajouta « les monuments historiques » aux édifices que l'article 27 préserve, autant que possible, du feu de l'ennemi. Quant à la sortie des bouches inutiles, le réglement n'en parle pas ; mais leur présence dans la place étant une cause de faiblesse pour celle-ci, le refus de l'assiégeant sera justifié par son propre intérêt (1).

Que devient alors le principe du respect de la population paisible ? Souvent, en franchissant la frontière, l'ennemi proclame vouloir restreindre la lutte aux seuls combattants (2). Confiants, nombre d'habitants restent

(1) D'après le manuel de droit international à l'usage des officiers de l'armée de terre (p. 24), « l'assiégeant n'est pas obligé de laisser sortir la « population non combattante, que les autorités militaires de la place « assiégée voudraient expulser, soit pour écarter une cause d'encombre- « ment et de démoralisation, soit pour se débarrasser de bouches inuti- « les. Cependant, il fera bien d'y consentir si les opérations du siège « n'en peuvent souffrir. Le commandant de la place est, d'ailleurs, tenu « de garder dans l'enceinte et d'entretenir la population civile à laquelle « le passage est refusé par l'ennemi ». — Conférer aussi Jacomet. *Les lois de la guerre continentale*, art. 61.

(2) *Proclamation du roi de Prusse du 11 août 1870* : « Je fais la guerre « aux soldats et non aux habitants dont les personnes et les biens seront « en sûreté, tant qu'ils ne m'enlèveront pas, par des agressions contre « les troupes allemandes, le droit de les protéger ».

neutres ; l'envahisseur doit les respecter. Or, bombarder une ville sans avertissement, diriger ses coups sur la population, n'est-ce pas alors manquer à la parole donnée? Cette dernière exige qu'un avertissement préalable permette aux non-combattants de mettre en sûreté leur personne et leurs biens ; elle s'oppose aux bombardements par intimidation. Et quant aux partisans de la » restriction fictive du combat », aucune nécessité militaire ne saurait justifier une conduite contraire. La neutralité établit, en effet, des devoirs réciproques dont l'observation ne saurait s'imposer aux uns plus durement qu'aux autres. Les Allemands ne l'ont pas compris en 1870. Tandis qu'ils fusillaient impitoyablement l'habitant pris les armes à la main, négligeant les fortifications, ils dirigèrent principalement leurs coups sur la population des villes assiégées, ils bomdardaient Paris sans avertissement. Aussi leurs théoriciens ont quelque peine à les excuser, et Bluntschli trouve même les bombardements par intimidation « aussi inadmissibles au point de vue « militaire, qu'au point de vue juridique ». « Les habi- « tants, dit-il, doivent, il est vrai, s'abstenir de prendre « part aux opérations militaires sans aucun ordre de leur « souverain, bien que la défense de la Patrie touche à « leurs intérêts et quelquefois soit pour eux-mêmes un « devoir. Mais il n'est pas permis de les contraindre à » venir en aide à l'ennemi contre les défenseurs de leur » propre pays. Une telle pression morale est absolument

« immorale » (1), De plus elle devrait être inutile, « car » l'autorité militaire en présence des lourdes responsabi- « lités qui pèsent sur elle, résistera d'autant plus que l'on « insistera davantage » (2). « Le gouverneur, dit l'article « 108 de l'Instruction générale du 30 juillet 1909 sur la « guerre de siège, devra déployer la plus grande énergie « pour maintenir l'ordre parmi les habitants. Il résis- « tera à toute pression exercée sur lui pour hâter la reddi- « tion de la place ».

Les bombardements par intimidation et par surprise sont conformes à l'intérêt de l'envahisseur (3). Les proclamations dans le but d'éloigner l'habitant de la lutte ne le sont pas moins, car livrées aux hasards de la guerre les populations se ressentiront bientôt des fureurs de l'ennemi. Elles s'armeront et malheur alors aux traînards, aux isolés, aux vedettes, aux patrouilles, aux convoyeurs, la chasse sera ouverte (4). Or, de ces deux pratiques se

(1) Bluntschi. Das moderne Volkerrecht in dem franzosisch dentschen kriege von, 1870, opuscule, p. 21.

Le droit international codifié, art. 554 bis et note 1. Conf. aussi Geffcken sur Heffter. *Droit international de l'Europe*, n° 125, note 4.

(2) A. Mérignhac. loc. cit., p. 180.

(3) Conf. art. 9. *Instruction générale du 30 juillet 1909 sur la guerre de siège* « Le bombardement consiste à couvrir de projectiles la place ou « une partie de la place dans le but..... d'amener à bref délai, par intimi- « dation ou pression de la population, le gouverneur à capituler.

« .... Il peut être tenté avec chance de succès, surtout lorsque « les mauvaises dispositions d'une population civile trop impressionnable « sont de nature à entraîner la décision d'un gouverneur faible et pusil- « lanime ».

(4) Conf. H. Houssaye, 1814, p. 58.

contrariant, laquelle doit avoir la préférence? L'humanité condamne la première, elle approuve la seconde. Le choix d'un ennemi généreux n'est donc pas douteux. Remarquons d'ailleurs que l'offre de neutralité ne le lie qu'à l'égard de qui l'accepte. Et si l'acceptation de l'habitant doit être présumée, en ce qui concerne les villes assiégées, l'assaillant peut retourner cette présomption par un avertissement préalable à tout bombardement joint à l'offre de laisser sortir les non-combattants. Certes, il se privera du concours des bouches inutiles pour amener la place à capituler. Mais, dégagé de sa promesse, sous réserve de l'article 27, il pourra librement diriger ses coups, la ville étant considérée ne plus renfermer que des combattants : habitants ou soldats (1).

La prise d'assaut est aujourd'hui extrêmement rare (2).

(1) Sur la proposition de la délégation allemande, la 2e Conférence de la Paix adopta pour l'article 23 deux additions, qui, bien que traitant des sujets différents, furent réunies cependant en un même paragraphe h. Il est interdit « de déclarer éteints, suspendus ou non recevables en justice « les droits et actions des nationaux de la partie adverse. « Admise sans difficulté, « bien que le délégué russe ait demandé d'en excepter certaines « créances dont l'ennemi pourrait profiter pour continuer les hostilités, « cette disposition a pour but de proscrire tous les moyens par lesquels « on chercherait à atteindre les droits nés avant la guerre, elle exclut « l'ancienne pratique qui interdisait aux particuliers ennemis l'accès des » tribunaux; elle prohibe toutes les mesures législatives tendant à entra- « ver au cours de la guerre l'exécution ou les effets utiles des obligations « privées, notamment le cours des intérêts.

« La Grande Bretagne bien qu'elle ait accepté sans réserve l'article 23, « a récemment protesté contre l'interprétation ci-dessus, et soutenu que « la disposition h de cet article ne visait que la conduite des chefs mili- « taires, et nullement les obligations des Etats entre eux.

« Cette dernière interprétation, qui s'appuie sur la place occupée par

Jadis, pour un motif de vengeance ou de cupidité, la ville était alors souvent livrée au pillage. Cet usage est prohibé par l'article 28 (1).

Moyens perfides. — Quelle influence était réservée à l'honneur dans la prohibition des moyens déloyaux? Le peu de précision de son code, tout entier dans la coutume, offrait une barrière bien fragile aux empiétements des intérêts particuliers. Ces derniers dicteront réellement le droit, précisant ce qui ne peut leur nuire, laissant dans le vague ce qui leur serait par trop incompatible, annulant par des exceptions les concessions consenties. Les Puissances condamnent les moyens trop dangereux par la presque impossibilité de s'en garer, acceptant de n'en pas faire usage pour en interdire l'emploi à l'adversaire. Mais alors, l'unanimité est nécessaire pour dicter la règle, qui ne saurait se concevoir conforme seulement aux intérêts de certains.

Il est interdit : « d'employer du poison ou des armes

« la disposition h, est tout à fait inadmissible. Il faut convenir cependant que la disposition est très mal placée, car elle n'a aucun rapport « avec les alinéas a, b, c, d, e, f, g. Elle devra être déplacée et entrer « dans une convention spéciale sur les effets de la guerre sur les contrats privés. (Ernest Lemonon, loc. cit., note 2. p. 318 ; conf. aussi « *Revue générale de droit international public*, 1911, p. 219). — Quant à « la 2e partie du paragraphe h : « Il est également interdit à un belligérant de forcer les nationaux de la partie adverse à prendre part aux « opérations de guerre dirigées contre leur pays, même dans le cas où » ils auraient été à son service avant le commencement de la guerre » ; sa place serait plutôt dans la section III, près de l'article 44 avec lequel nous l'étudierons plus tard.

(2) Nous en avons eu un exemple récent dans la prise d'Andrinople.

empoisonnées ; »(2) et, bien que le réglement ne le dise pas, de propager intentionnellement des maladies contagieuses. Il est interdit : « de tuer ou de blesser par trahison « des individus appartenant à la nation ou à l'armée ennemie (3) ». Sur quel critérium décider qu'il y a ou non trahison ? Cette détermination est d'autant plus utile que « les ruses de guerre et l'emploi des moyens nécessaires « pour se procurer des renseignements sur l'ennemi « et sur le terrain sont considérés comme licites (4) ». Cependant le réglement reste muet. Toutefois on est d'accord pour qualifier de traître, quiconque par ses serments, par ses gestes, par une manifestation expresse de la volonté, s'efforce de gagner la confiance de l'ennemi dans l'intention de perpétrer plus facilement l'acte nuisible à celui-ci.

L'assassinat d'un chef ennemi ; la mise à prix de sa tête, provocation à l'assassinat, sont des moyens unanimement condamnés. Nous y assimilerons les ruses dites perfides, expression assez vague, que l'on peut préciser en disant qu'elle s'applique à toute violation de la foi donnée, tels la rupture inopinée d'une suspension d'armes, le fait de tirer après avoir manifesté l'intention de se rendre.

(1) « Il est interdit de livrer au pillage une ville ou localité même prise d'assaut ».

(2) Art. 23 a.

(3) Art. 23 b.

(4) Art. 24.

Peut-on encourager les soldats, les citoyens ennemis à trahir leurs devoirs ; peut-on les exciter à la révolte ? La doctrine est divisée ; le plus souvent elle fait des distinctions suivant que l'encouragement ou l'excitation s'adresse à la collectivité ou à de simples particuliers, à des soldats ou à des civils. La logique demande une même solution dans tous les cas. Le réglement ne dit pas quelle doit être cette solution, les Puissances se guideront alors sur leurs intérêts (1). Toutefois il est reconnu que la provocation à l'insurrection est dangereuse, parce qu'elle tend à faire de la guerre « un principe de dissolution intérieure pour « chaque Etat (2) ». En outre, elle est parfois criminelle, l'ennemi, à la paix, abandonnant souvent à la vengeance de leur gouvernement ceux-là même qui s'étaient soulevés (3).

Il est interdit « d'user indûment du pavillon parlemen- « taire, du pavillon national ou des insignes militaires et « de l'uniforme de l'ennemi, ainsi que des signes distinc- « tifs de la Convention de Genève » art. 23 f. Jusqu'en 1899, la question avait été douteuse en ce qui concerne le pavillon national ou les insignes militaires et l'uniforme de l'ennemi, car il n'existait alors aucune convention

(1) Condamnable au point de vue moral, la provocation à la trahison est cependant employée et continuera à l'être. Du reste, pour y subvenir, dans chaque pays, des fonds secrets sont mis à la disposition des ministères des affaires étrangères et de la guerre.

(2) Pillet. *Les lois actuelles de la guerre.*

(3) Conf. A. Mérignhac, loc. cit. p. 169 ; Despagnet, loc. cit. p. 845.

internationale en prohibant l'usage. L'emploi des sonneries et des mots de l'ennemi est toléré par beaucoup d'auteurs, et le réglement ne le défend pas, pourvu toutefois qu'il ne présente rien de perfide. Il est donc licite de s'en servir pour déterminer chez l'ennemi un mouvement favorable à ses propres projets. De même on pourra répandre de fausses nouvelles, soit par des dépêches ou des journaux, soit au moyen des propres espions de l'adversaire ; mais il y aurait perfidie à prendre soi-même la responsabilité de ces fausses nouvelles (1).

CONCLUSION

Le chapitre I des hostilités s'efforce de concilier l'humanité, l'honneur, avec les intérêts. Or, l'humanité réclamait des Puissances le sacrifice des avantages qu'elles retiraient de leur supériorité intellectuelle. Ce sacrifice ne pouvait être consenti, parce que la vie des nations, comme celle des individus, n'est pas seulement la résultante de conditions physiques, mais encore de conditions intellectuelles et morales. Certes, le nombre, la force musculaire ont eu jadis une influence prépondérante, que les progrès de la science leur ont fait perdre peu à peu. Et si de nos jours, le nombre des combattants est encore un puissant facteur de la force, il peut être tenu en échec, même annihilé par les inventions de la science. Par celle-

(1) Conf. A. Méringhac, loc. citée. p. 166 et s. ; Jacomet, loc citée.

ci, du reste, en temps de paix, un petit peuple joue souvent un grand rôle dans le monde. Alors pourquoi lui retirer l'appui de la science, au moment où il en a le plus besoin? D'ailleurs l'humanité, elle-même, n'en a-t-elle pas profité, puisque par elle, les peuples plus avancés ont subjugé les peuples arriérés ; ce qui permit d'introduire, même chez les plus revêches, les bienfaits de la civilisation : telle est l'histoire de la pénétration en Chine. Cependant la puissance des engins nouveaux peut effrayer un moment. A chaque invention, des voix se sont élevées pour en condamner l'emploi, sous prétexte que « l'équivalence manquait entre les moyens « d'attaque et ceux dont dispose la défense pour les re- « pousser ou les éviter (1) ». Mais par l'usage, elle obtient peu à peu droit de cité ; ainsi de nos jours nul n'oserait plus condamner l'emploi des armes à feu (2). D'ailleurs l'appui de la science est également acquis à la défense, qui ne tarde pas à disposer de moyens appropriés à ceux de l'attaque. Enfin, remarquons qu'il « n'en est pas de la « guerre comme du duel, où l'égalité des armes est « de règle. Chacun des belligérants se sert des engins « perfectionnés dont il s'est assuré le bénéfice, et l'adver- « saire n'a qu'à s'en prendre à lui-même s'il est moins « bien pourvu (3) ». En outre, les nécessités militaires

(1) A de Bustamante. Loc. cit. p. 269, 270.

(2) *Le Concile de Latran en 1139 condamne l'arbalète; les chevaliers traitent les arquebusiers en bandits.* A. Mérignhac. loc. cit. p. 148.

(2) *Manuel de droit international à l'usage des officiers de l'armée de terre*, p. 1.

seront toujours prises en sérieuse considération par le chef responsable ; toujours elles auront assez d'influence pour le décider à commettre les violences qu'il croit imposées par les circonstances. Le réglement devait tenir compte de ces difficultés, s'il voulait s'imposer à l'attention des Puissances. S'en tenir à l'idéal d'humanité et d'honneur, méconnaître la réalité eut été vouer l'œuvre entière à un prompt oubli. Mieux valait entr'ouvrir la porte aux intérêts, peut-être hésiteraient-ils à la franchir. Et s'arrêteraient-ils une seule fois sur le seuil, la Convention serait justifiée, car, en matière d'honneur et d'humanité, il n'est pas de résultat négligeable.

CHAPITRE II

Des espions

« Les ruses de guerre et l'emploi des moyens nécessaires « pour se procurer des renseignements sur l'ennemi et sur « le terrain sont considérés comme licites », art. 24. Parmi ces moyens, il en est cependant un, l'espionnage, que les Puissances utilisent bien qu'elles le considèrent comme déloyal. La clandestinité, qui le caractérise, rend celui-ci dangereux à l'adversaire ; alors, pour s'en defendre, il refuse la belligérance à l'espion tombé entre ses mains (1). Ainsi, pratiqué par toutes les Puissances au nom de l'intérêt, l'espionnage est condamné sévèrement par ce même intérêt ; et par lui, l'acte est condamné sans aucun égard pour le mobile qui l'a inspiré. Cependant l'espionnage n'est pas toujours un crime. Souvent même, il est un acte de pur patriotisme. « L'officier ou le simple citoyen, qui « sur l'ordre de ses chefs, ou dirigé par un sentiment de « patriotisme, consent à risquer sa vie pour pénétrer chez « l'ennemi sous un déguisement et à s'emparer de ses se- « crets, celui-là se dévoue à la cause de son pays, et, non- « seulement il n'est pas coupable, mais en se sacrifiant

(1) Remarquons cependant que la clandestinité tend à prendre de plus en plus d'importance dans les usages de la guerre, parce que la puissance des engins contraindra de plus en plus à la ruse et à la surprise.

« ainsi pour la cause de la patrie, il devient digne « d'admiration (1). » Ainsi doit être jugée la conduite des officiers japonais, qui pénétraient dans les lignes russes pour se procurer des renseignements ou pour faire sauter les ponts. L'adversaire les traita rigoureusement, parce qu'il devait assurer sa sécurité ; mais leur mémoire doit être honorée, comme est honorée la mémoire des soldats tués à l'ennemi.

La pratique de l'espionnage est admise au nom de l'intérêt, et non pas « en vertu de cette idée qu'il vaut mieux « triompher de l'ennemi par la ruse que par le sacrifice de « vies humaines. » (2) Car rien ne prouve que le choc imprévu de deux armées soit plus meurtrier que la lutte savamment préparée, amenée à l'heure et sur le terrain choisis à l'avance ; rien n'autorise à penser qu'Austerlitz, par exemple, coûta moins de vies humaines, parce que Napoléon décida les Alliés à venir s'y faire battre. Economie de la vie des siens, peut-être, mais là se borne la vérité.

« Ne peut être considéré comme espion que l'individu « qui, agissant clandestinement ou sous de faux prétextes, « recueille ou cherche à recueillir des informations dans « la zone d'opérations d'un belligérant, avec l'intention de « les communiquer à la partie adverse.

« Ainsi les militaires non déguisés qui ont pénétré dans la « zone d'opérations de l'armée ennemie à l'effet de recueil-

(1) Mariotti. *Du droit des gens en temps de guerre*, p. 86.

(2) Conf. A. Merignhac, loc. cit., p. 184.

« lir des informations, ne sont pas considérés comme « espions. De même ne sont pas considérés comme espions : « les militaires et les non-militaires, accomplissant ouver- « tement leur mission, chargés de transmettre des dépê- « ches destinées soit à leur propre armée, soit à l'armée « ennemie. A cette catégorie appartiennent également « les individus envoyés en ballon pour transmettre les « dépêches et en général, pour entretenir les communica- « tions entre les diverses parties d'une armée ou d'un ter- « ritoire. » Art. 29 du règlement. La prétention de M. de Bismark, approuvée par certains auteurs allemands (1), de traiter en espions les aéronautes de 1870, est donc condamnée par la Convention. De même est condamnée implicitement la théorie imposant à l'habitant une stricte neutralité ; car transmettre une dépêche, qui peut-être décidera du sort de la lutte, c'est participer à celle-ci. Or, l'article 29 refuse de considérer comme espions les non-militaires qui le font ouvertement, ce qui revient à leur accorder la belligérance dans ce cas particulier.

Cet article 29 définit l'acte d'espionnage quand il est commis par un étranger. A l'exclusion de toute autre disposition qui pourrait exister dans les diverses lois pénales relatives à ce crime, il en détermine les éléments constitutifs. Aussi, en France, une décision ministérielle, en date du 16 Juillet 1901, décide que « les autorités militai-

(1) Conf. Geffcken sur Heffter, loc. cit. paragraphe 250, note 1. — Lueder *dans le handbuch des Volkerrechts de Holtzendorff*. Berlin, 1885, p. 463 et s.

« res auront à tenir compte, dans la délivrance des ordres « d'informer et de mise en jugement à l'égard des étran- « gers, des dispositions de la convention relative aux lois « et coutumes de la guerre définissant les individus à con- « sidérer comme... espions. » Seule la peine applicable sera donc indiquée par l'article 207 de notre code de justice militaire : « Est puni de mort tout ennemi qui pénètre « déguisé dans un des lieux indiqués à l'article précé- « dent » (1).

Le danger que l'espionnage fait courir à l'armée contre laquelle il est exercé, expliquant seul la rigueur de la répression, celle-ci cesse d'être applicable lorsque l'agent a rejoint son parti, hors le cas de flagrant délit la preuve en devenant très difficile. « L'espion ne peut être poursuivi « et puni que s'il est pris sur le fait, dit le Manuel fran- « çais. S'agit-il d'un militaire qui a rejoint son corps après « avoir fait acte d'espionnage ; s'agit-il d'un simple « citoyen, qui a regagné le pays non occupé après avoir « espionné dans les localités envahies : il n'importe. Ni « l'un ni l'autre ne seront inquiétés pour leurs actes anté- « rieurs, s'ils tombent plus tard entre les mains de l'enne- « mi, soit pendant un combat, soit par suite de l'occupa- « tion du lieu de sa résidence » (2). D'où l'article 31 du règlement : « L'espion qui, ayant rejoint l'armée à laquelle

(1) Conf. Lieut[t] Colonel AUGIER et G. LE POITTEVIN. *Traité théorique et pratique de droit pénal militaire*, p. 510 et s. — Lt JACOMET. *Les lois de la guerre continentale*, p. 65 et s.

(2) *Manuel français*, p. 34.

« il appartient, est capturé plus tard par l'ennemi, est « traité comme prisonnier de guerre et n'encourt aucune « responsabilité pour ses actes d'espionnage antérieurs. »

« Beaucoup de gens s'imaginent qu'en temps de guerre, « on a le droit de faire fusiller ou pendre sur place et sans « jugement l'espion pris sur le fait. C'est une erreur. L'es- « pion ne peut être frappé ni puni sans jugement préala- « ble. Chacun sait avec quelle facilité les accusations « d'espionnage s'élèvent à certains moments. En imposant « l'obligation de juger les inculpés avant toute exécution, « le droit des gens prévient les dangers et les excès qui « suivraient des entraînements souvent peu fondés » (1). Aussi « l'espion pris sur le fait ne pourra être puni sans « jugement préalable », art. 30 du règlement.

Ce règlement n'avait pas à s'occuper et ne s'est pas occupé de l'espion qui trompe son pays en secondant l'adversaire. Celui-là est un traître, son acte une trahison dont la répression sera poursuivie par le pays trahi conformément à ses propres lois (2), qui, non seulement indiqueront la sanction, mais encore, détermineront les éléments constitutifs du crime.

(1) *Manuel français*, p. 32.

(2) En France, suivant les circonstances, les dispositions du code de justice militaire ou du code pénal. — Conf. Lt Colonel Augier et G. Le Poittevin, loc. cit., p. 510 et s.

CHAPITRES III, IV et V

Des parlementaires, des capitulations, de l'armistice

La déclaration de guerre a fait cesser tout rapport conventionnel entre belligérants, qui s'en remettent à la force pour trancher le différend ; cependant les circonstances mêmes de la lutte les contraignent à recourir à des conventions traitant de sujets militaires. Ces conventions sont brièvement et sommairement réglementées par les chapitres IV et V de notre section II, tandis que le chapitre 3 traite des parlementaires, leurs intermédiaires nécessaires Questions « simples, banales et faciles, elles ne de- « vaient pas longtemps retenir la commission » (1). Le projet de Bruxelles fut adopté sauf quelques modifications de détail.

« Est considéré comme parlementaire l'individu auto- « risé par l'un des belligérants à entrer en pourparlers « avec l'autre et se présentant avec le drapeau blanc. Il a « droit à l'inviolabilité ainsi que le trompette, clairon ou « tambour, le porte-drapeau et l'interprète qui l'accom- « pagnent. » art. 32. La conférence de 1899 a simplement ajouté l'interprête aux personnes pouvant accompagner le

(1) G. de Lapradelle, loc. cit. p. 83.

parlementaire (1). Ce dernier est généralement un officier, mais il pourrait ne pas l'être ; ainsi lors de la reddition de Dijon, en 1870, ce furent les adjoints de la municipalité qui remplirent cette mission.

A première vue le parlementaire joue le rôle d'agent diplomatique, surtout quand il doit négocier un accord ; mais, outre que cet accord est toujours de peu d'importance, l'analogie n'est qu'apparente. L'agent diplomatique jouit d'une inviolabilité beaucoup plus complète que le parlementaire. Dans aucun cas, il ne peut être poursuivi même pour crime contre l'Etat près duquel il est accrédité, l'expulsion du pays étant la seule mesure possible contre lui. Le parlementaire peut être l'objet de « toutes mesures « nécessaires pour l'empêcher de profiter de sa mission « pour se renseigner », dit l'article 33, ajoutant qu'il peut être retenu temporairement en cas d'abus. Cela, pour éviter de sa part la révélation de secrets surpris à l'ennemi, même sans commettre aucune faute ; car il doit voir et rapporter aux siens ce que l'ennemi n'a pu lui celer.

« Le chef auquel un parlementaire est expédié n'est pas

(1) L'article 41 du décret du 28 mai 1895 sur le service des armées en campagne ne parle pas de l'interprête. Mais conformément à une décision ministérielle du 16 Juillet 1901, « seront exécutés par les armées de « terre dans l'application du règlement sur le service des armées en « campagne, en cas de guerre avec les Puissances contractantes et à « charge de réciprocité, les actes dont la teneur suit, savoir :

« La Convention concernant les lois et coutumes de la guerre sur « terre... » L'inviolabilité devra donc être assurée à l'interprête, contre qui on pourra toutefois prendre les mesures de précautions prévues pour le parlementaire.

« obligé de le recevoir en toutes circonstances. » (1) L'article 44 de 1874 accordait, en outre, aux belligérants le droit de déclarer à l'avance qu'ils ne recevraient pas de parlementaires pendant un temps déterminé (2). Le paragraphe 3 de cet article donnait alors satisfaction au délégué allemand, général Voigts-Rhetz. Son utilité était cependant douteuse en présence du paragraphe 1 du même article, devenu le paragraphe 1 ci-dessus de l'article 33 de 1899. Aussi à cette dernière époque, son abrogation fut consentie par le colonel de Gross de Schwarzhoff. Mais la faculté édictée par lui n'en subsiste pas moins ; et le parlementaire qui se présenterait malgré l'avis qu'il n'en serait pas reçu, n'ayant aucune mission officielle reconnue de l'ennemi, pourrait être accueilli à coups de fusil. On comprend, en effet, qu'un belligérant ait parfois intérêt à supprimer toute communication avec l'ennemi pour empêcher, par exemple, la propagation de fausses nouvelles soit de vive voix, soit au moyen de journaux ; pour déjouer les ruses de l'adversaire, « auquel il suffirait quelquefois de gagner du temps pour que la situation se modifie à son avantage » (3).

« Le parlementaire perd ses droits d'inviolabilité s'il est « prouvé, d'une manière positive et irrécusable, qu'il a « profité de sa position privilégiée pour provoquer ou « commettre un acte de trahison. » art. 34. L'inviolabilité est subordonnée à la condition que le parlementaire rem-

(1) Art. 33, parag. 1.
(2) Art. 44, parag. 3.
(3) Mariotti. loc. cit. p. 120.

plisse sa mission conformément aux règles de l'honneur militaire. S'en écarte-t-il, il tombe dans le droit commun, et peut être jugé. Mais quelque irrécusables que soient les preuves de sa trahison, l'adversaire devra agir avec prudence, car il est toujours grave de violer les immunités qui le couvrent.

Les parlementaires sont souvent chargés de négocier entre les belligérants des conventions qui diffèrent des conventions internationales proprement dites, parce que pour les conclure, il n'est pas nécessaire de munir les parlementaires de pouvoirs spéciaux ; parce qu'elles lient les gouvernements sans qu'il soit besoin de ratification ou du chef de l'Etat ou du Parlement et s'en tiennent, en général, à des questions purement militaires. Il serait le plus souvent impossible, en effet, et dans tous les cas, difficile aux chefs militaires d'observer les règles suivies pour les conventions internationales. On admet alors, qu'ils ont le droit de faire des conventions qui vaudront par elles-mêmes, à la condition toutefois que leur objet reste purement militaire, toute clause politique en étant exclue. Les chefs devront apprécier les circonstances dans lesquelles ils se trouvent, et se conformer aux instructions qu'ils auront reçues et aux règlements de leur pays. L'inobservation de ces instructions et règlements entraînera pour eux de graves responsabilités, mais n'aura aucun effet sur la validité de la convention (1).

(1) Quelquefois les chefs d'armée délèguent leurs pouvoirs à des officiers d'Etat-major, se réservant le droit de ratifier la Convention.

L'objet de ces conventions peut être un échange de prisonniers, une suspension d'armes, une capitulation. Quant aux armistices, ils ne peuvent être conclus que par les gouvernements, parce qu'ils ont un caractère à la fois politique et militaire.

« Les capitulations arrêtées entre les parties contrac-
« tantes doivent tenir compte des règles de l'honneur mi-
« litaire. Une fois fixées, elles doivent être scrupuleuse-
« ment observées par les deux parties. » art. 35. L'article 46 de Bruxelles disait qu'elles ne devaient pas être contraires à l'honneur militaire. En 1907, la Hollande présenta l'amendement suivant : « La capitulation d'une
« force armée n'est pas obligatoire envers l'ennemi pour
« les détachements de cette force armée qui se trouvent à
« une telle distance de celle-ci qu'ils ont gardé une liberté
« d'action suffisante pour continuer la lutte indépendam-
« ment du corps principal. » Mais elle le retira sur l'observation que c'était là une disposition de règlements intérieurs. Nos règlements militaires, interdisant formellement de capituler en rase campagne (1), cette question n'offre aucun intérêt pour nous, parce qu'il est peu probable qu'elle trouve une application dans la guerre de siège. Remarquons cependant, que la conduite du général Vedel, lors de la capitulation de Baylen, est condamnable en elle-même ; car le chef militaire, tombé au pouvoir de

(1) Conf. *Règlement sur le service des armées en campagne*, art. 137, dernier alinéa, et *Code de justice militaire pour l'armée de terre*, art. 210.

l'ennemi, perd tout droit au commandement. S'il donne des ordres, ceux qui obéissent le font sous leur entière responsabilité (1). Le colonel Rouelle, commandant un faible détachement, le comprit ; il refusa d'obtempérer aux ordres de Dupont ; il fit une retraite pénible, mais échappa à l'étreinte de l'ennemi. Ainsi devait agir Vedel.

« Les conditions stipulées dans une capitulation peu« vent infiniment varier : elles se réfèrent à la situation « des habitants inoffensifs, au sort de la troupe, à la remise « des armes, drapeaux, munitions, bagages, matériel de « guerre, archives militaires etc... » (2) ; mais jamais elles ne peuvent traiter des questions politiques, telles que la cession d'un territoire. Ainsi était nul, l'article 1 de la capitulation de Verdun du 8 Novembre 1870, lequel stipulait le retour à la France, lors de la conclusion du traité de paix, de la place ainsi que de son matériel. Cette clause motiva de la part du conseil d'enquête de 1872, un blâme au gouverneur, parce qu'elle avait pu influencer sa décision, alors qu'en aucune façon elle ne liait l'ennemi (3).

Il y aurait mauvaise foi à brûler, après la signature de la capitulation, le matériel, les vivres, approvisionnements de toutes sortes dont la remise a été prévue ; mais avant cette signature, le devoir et l'honneur militaire exigent du gouverneur la destruction de tout ce qui peut servir à

(1) Conf. *L'opinion de Napoléon Ier sur ce sujet*, dans A. Mariotti, loc. cit., p. 142 et 143.

(2) Frantz Despagnet, loc. citée, p. 898.

(3) Conf. *Manuel français*, p. 63 et s.

l'ennemi (1).

La suspension d'armes est une convention purement militaire, conclue par les commandants des forces en présence en vertu des pouvoirs qu'ils tiennent de leurs fonctions. Ses effets sont localisés aux zones de commandement des signataires. Elle est généralement conclue verbalement, et ne dure que quelques heures, tout au plus quelques jours. Elle a pour objet, le relèvement des blessés, l'enterrement des morts ou l'accomplissement d'une cérémonie ; quelquefois même son but est de permettre aux chefs d'armée de conférer à fin de capitulation. Le règlement est muet à son sujet, parce qu'il est peu probable, sa durée étant très courte, qu'elle soulève des difficultés entraînant des discussions juridiques.

L'armistice est une convention politique et militaire ; il est généralement un acheminement vers la paix. Autrefois on distinguait l'armistice et la trêve. Cette dernière avait souvent une longue durée. Elle intervenait lorsque les adversaires étaient las de la lutte, et qu'aucun d'eux ne pouvait imposer sa volonté à l'autre. Toutefois les Turcs ne faisaient jamais que des trêves. L'armistice a fait l'objet des articles 36 et 41 du règlement.

« L'armistice suspend les opérations de guerre par un « accord mutuel des parties belligérantes. Si la durée n'en « est pas déterminée, les parties belligérantes peuvent re- « prendre en tout temps les opérations, pourvu toutefois

(1) Conf. *Décret du 7 Octobre 1909 sur le service des places* (au sujet des drapeaux), art. 160.

« que l'ennemi soit averti en temps convenu, conformé-« ment aux conditions de l'armistice » (1).

« L'armistice peut être général ou local. Le premier « suspend partout les opérations de guerre des Etats belli-« gérants ; le second, seulement entre certaines fractions « des armées belligérantes et dans un rayon déterminé ». art 37. Local, l'armistice est de courte durée ; général, il précède et facilite le plus souvent la conclusion du traité de paix. Alors il est lui-même un véritable traité public, conclu soit par les chefs d'armée (2), soit par des agents diplomatiques, et ratifié par les chefs d'Etat. L'armistice de Versailles, le 28 Janvier 1871, mit fin à la lutte, sauf pour les opérations de l'armée de l'Est. Quelquefois même, il est conclu par l'intermédiaire d'une Puissance tierce. C'est ainsi que l'armistice de Washington, précédant le traité de Paris qui mit fin à la guerre hispano-américaine, fut négocié par M. Cambon, notre ambassadeur aux Etats-Unis. Dans les deux cas, il importe d'en bien préciser la durée en indiquant les jours et heures du commencement et de la fin ; les expressions 8 jours, 15 jours donneraient lieu à équivoque. Cependant l'armistice a parfois une durée indéfinie. Alors, si l'on veut éviter les malentendus, il faudra indiquer clairement les circonstances et les conditions permettant de reprendre les hostilités.

Il sera toujours utile de bien déterminer les effets de l'armistice. Il est vrai, certains sont nécessaires, car sans

(1) Art. 36.

(2) Qui reçoivent dans ce cas des pouvoirs spéciaux.

eux, l'armistice ne se comprendrait pas ; mais il est des cas douteux. Les belligérants, par exemple, ont-ils le droit de réparer les brèches de leurs ouvrages ? Cette question est résolue différemment. Les uns soutiennent que les belligérants ont ce droit, parce qu'ils peuvent faire tout ce qui ne leur est pas défendu ; les autres soutiennent le contraire, parce que les belligérants ne doivent pas faire, pendant l'armistice, ce qu'ils n'auraient pu faire si la lutte avait continué. De même, un armistice doit-il nécessairement contenir une clause de ravitaillement ? En octobre 1870, M. Thiers, négociant un armistice, demanda que, pendant sa durée, Paris pût se ravitailler, l'armée d'investissement laissant passer les approvisionnements nécessaires. Si l'armistice n'aboutit pas à la paix, disait-il, il faut que lorsqu'il prendra fin, les belligérants se retrouvent dans la situation du début de l'armistice. On doit donc permettre aux villes assiégées de se ravitailler proportionnellement à sa durée, sans quoi l'assiégeant profiterait de l'épuisement des vivres résultant de cette durée même. Pour accorder le ravitaillement, M. de Bismarck exigea la cession d'un fort de Paris. Cette prétention fut critiquée. Dans l'espèce cependant, il n'y avait là qu'une question d'intérêt, que chaque partie pouvait envisager à son point de vue (1).

Plus sujette à discussion la question du ravitaillement lorsque l'armistice est signé, mais ne contient aucune

(1) Récemment les Bulgares refusèrent de laisser ravitailler Andrinople. (Voir *Armistice de Tchataldja*, p. 46.)

clause à son sujet. Pour certains auteurs, le ravitaillement proportionnel semble conforme au statu quo (1). Cependant il est nécessaire que la situation de fait soit maintenue. Par conséquent, l'assiégeant étant maître dans ses lignes, en dehors de toute convention, l'assiégé ne peut avoir la prétention de les faire traverser par ses convois.

Quant à la faculté pour les habitants de circuler librement entre les deux armées, les belligérants devront encore s'entendre à ce sujet, car ils sont seuls capables d'apprécier les avantages et les inconvénients des tolérances qu'ils peuvent admettre.

Il sera donc prudent d'indiquer dans la convention ce qui pourra être fait et ce dont il faudra s'abstenir. Le plus souvent, on tracera une ligne de démarcation, ou mieux, on établira une bande de terrain ou zone neutre large de plusieurs kilomètres, où les troupes, sauf les forces de police, ne devront pas pénétrer. En deça de ses lignes, chaque belligérant fera ce qu'il voudra. Il instruira ses troupes, en lèvera de nouvelles, exercera sur le territoire occupé les droits des belligérants, ainsi, en 1871, les Allemands maintinrent le droit de réquisition. Quant au ravitaillement, lorsque l'assaillant l'autorisera, on énoncera les époques et les points déterminés où les convois traverseront ses lignes.

« L'armistice doit être notifié officiellement et en temps

(1) Conf. A. Mérignhac, loc. cit., p. 238 ; Guelle, loc. cit., I, p. 242 et s. ; F. Despagnet, loc. cit., p. 901.

« utile aux autorités compétentes et aux troupes. Les hos- « tilités sont suspendues immédiatement après la notifica- « tion ou au terme fixé. » art. 38. Sur la proposition de M. Beernaert, la Conférence ajouta au texte de 1874 la possibilité de ne cesser les hostilités qu'après un terme fixé. Il est de toute nécessité que la notification ne laisse place à aucun doute sur les différentes clauses de l'armistice. L'oubli du gouvernement français de faire connaître au général Clinchant, que l'armistice du 28 janvier 1871 ne le concernait pas, acheva la perte de l'armée de l'Est, qui, pour échapper à l'ennemi, n'eut d'autre ressource que de se réfugier sur le territoire suisse.

« Il dépend des parties contractantes de fixer, dans les « clauses de l'armistice, les rapports qui pourraient avoir « lieu, sur le théâtre de la guerre, avec les populations et « entre elles. » art. 39. Au projet de Bruxelles prévoyant les rapports « entre les populations », le règlement ajoute les rapports « avec les populations ».

« Toute violation grave de l'armistice, par l'une des « parties, donne à l'autre le droit de le dénoncer et même, « en cas d'urgence, de reprendre immédiatement les hos- « tilités. » art. 40. Le règlement innove sur le projet de Bruxelles, par la faculté, en cas d'urgence, de reprendre immédiatement les hostilités. Toutefois, avant de recourir à cette extrémité, il est nécessaire d'en aviser l'ennemi, car la violation a peut-être été commise à son insu. Il la désavouera, il châtiera les coupables, réparant le préjudice, rendant alors inutile la rupture de l'armistice. « La

« violation des clauses de l'armistice, par des particuliers « agissant de leur propre initiative, donne droit seulement « à réclamer la punition des coupables et, s'il y a lieu une « indemnité pour les pertes éprouvées. » art, 41 (1).

(1) Texte du protocole du premier armistice de Tchataldja (*Matin* du 15 janvier 1913).

« Par suite de la proposition de S. A. le grand-vizir Kiamil pacha pour la conclusion d'un armistice, entre les soussignés,. . . . .

. . . .

Est convenu ce qui suit :

1° Un armistice est conclu entre les forces armées de la Bulgarie, de la Serbie et du Monténégro, d'une part, et celles de l'empire ottoman, de l'autre, afin de pouvoir procéder à des négociations pour l'établissement de la paix entre les parties belligérantes ;

2° Cet armistice est conclu pour toute la durée des négociations de paix et jusqu'à l'issue favorable de ces dernières ou jusqu'à leur rupture ;

3° Les négociations pour la conclusion de la paix auront lieu à Londres et commenceront 10 jours après la signature du présent protocole ;

4° Dans le cas où ces négociations viendraient à échouer, chacune des parties belligérantes est tenue de dénoncer l'armistice quatre jours à l'avance, en fixant la date et l'heure de la reprise des hostilités. Ces 4 jours commenceront à courir à partir de 7 heures du soir qui suivent le moment de la communication faite par le commandant en chef de l'une des parties au commandant en chef de l'autre partie ;

5° Les troupes des parties belligérantes continuent à occuper réciproquement leurs positions actuelles. Une zone neutre sera établie d'un commun accord par les officiers qui seront spécialement désignés, à cet effet, par le commandant en chef des parties belligérantes ;

6° L'armistice entrera en vigueur à partir de la signature du présent protocole. Si les troupes de l'une des parties belligérantes dépassent la ligne de démarcation après la conclusion de cet armistice, elles devront réintégrer leurs positions primitives ;

7° Le gouvernement impérial ottoman s'engage à lever le blocus des ports de la mer Noire, à laisser entrer librement les navires dans ces ports et à ne pas s'opposer au ravitaillement des troupes bulgares par la mer Noire. Il prend également l'engagement de laisser passer librement par la voie ferrée de la zone de la forteresse d'Andrinople, les trains militaires bulgares venant de Bulgarie ou y retournant ;

8° L'armistice commencera à courir à partir du vingt novembre (vieux style) mil neuf cent douze, à sept heures du soir.

En foi de quoi le présent protocole a été dressé et signé en quatre exemplaires à Tchataldja, le vingt novembre mil neuf cent douze (vieux style).

Remarque

Le ravitaillement des troupes bulgares dont il est question dans le paragraphe sept du présent protocole commencera à partir du jour où les négociations de paix seront entamées.

S. Daneff — Général Fitcheff.

Général Savow — M. Rechid.

N. Nazim — Ali Riza.

SECTION III. — CHAPITRE UNIQUE

De l'autorité militaire sur le territoire de l'Etat ennemi

Paragraphe I. — APERÇU HISTORIQUE

Avec la section III réapparaît l'opposition entre grandes et petites Puissances. Il s'agit de légiférer sur les pouvoirs de l'envahisseur en territoire occupé ou envahi ; suivant le rôle qu'ils présument jouer dans l'avenir, les Etats prennent position dans la discussion. Laisser la plus grande liberté à la force, ou marquer une étroite limite à son pouvoir, fut, selon le cas, l'objet de leurs efforts. La lutte mit aux prises l'ancien adage : « la guerre nourrit la guerre », et le principe moderne : « l'habitant est neutre, sa propriété est inviolable », principe trop absolu, parce qu'il méconnaît la pratique et prend pour la réalité ce qui n'est qu'une noble aspiration. La guerre est un fait ; elle réagit sur son milieu, et ce milieu, outre les sociétés appelées Etats, comprend les individualités qui les forment. Quels que soient donc les efforts contraires, ces individualités en subiront certaines conséquences.

Ne pouvant faire que la guerre ne soit pas, ne pouvant départir le plus justement les prérogatives et du fort et du faible, dans l'intérêt même de ce dernier, il était nécessaire de décider des pouvoirs du premier. « Le grand avantage d'une « réglementation très précise sur ce point, pour tous les « Etats, grands ou petits, forts ou faibles, tous exposés à l'in- « vasion en cas de guerre, consiste à éviter l'arbitraire de « l'armée d'occupation, qui, à défaut de textes formels, « se donnera nécessairement libre carrière. Cette règle- « mentation est donc, au fond, plus favorable au pays oc- « cupé qu'à l'occupant » (1). Résistant à son établissement, les petites Puissances comprenaient mal leurs intérêts. Vouloir que l'habitant soit complètement étranger à la guerre, était verser dans l'utopie. Poursuivre ce but était interdire à la Conférence tout résultat pratique ; or, il importait à l'humanité que l'on fît œuvre pratique. Ce qu'il fallait chercher, c'était non pas dénier à l'occupant tout droit sur l'occupé, mais marquer des limites aux droits que la force lui permettait de s'octroyer. Le seul but légitime que les Etats doivent se proposer durant la guerre, étant d'affaiblir l'ennemi sans lui infliger de souffrances superflues, le principe directeur ne pouvait être que celui-ci : tout mal inutile à la fin de la guerre doit être évité, parce que le plus souvent, le tort fait au non-combattant est une condition « nécessaire de la continuation de la « lutte et devient légitime du même coup » (2). La méconnaissance de ce principe longtemps interdit l'entente des

(1) A. Mérignhac, loc. citée, p. 245.
(2) Ch. Pont. *Les réquisitions militaires du temps de guerre*, p. 35 ; Boidin, loc. citée, p. 26 et suivantes.

Puissances. Elles entraiént en conflit, parce que ni les unes ni les autres ne voulaient de solutions raisonnables, mais prétendaient faire consacrer par un accord international leurs conceptions personnelles des droits et devoirs de l'occupant, conceptions naturellement basées exclusivement sur leurs intérêts égoïstes. Déjà quand il avait fallu décider de la belligérance, les grandes Puissances s'étaient efforcées de faire accepter des solutions conformes à leurs idées, et les petites Puissances s'y étaient énergiquement opposées. La section III soulève un nouveau conflit, mais alors les rôles sont changés. Les Puissances militaires, celles qui entendaient imposer la neutralité à l'habitant, veulent le soumettre à leur pouvoir discrétionnaire quant à la participation de la lutte : sa vie, ses biens, son honneur dépendent de la nécessité présente, dont seules elles sont les juges. Les petits Etats avaient revendiqué pour l'habitant le droit de combattre l'invasion ; maintenant elles opposent à l'autorité de l'envahisseur le principe du respect de la liberté individuelle, du respect de la propriété privée, qui sous-entend la neutralité. En 1874, cet antagonisme mit obstacle à l'adoption de règles précises, et le travail resta à l'état de projet, contre lequel, en 1899, les petits Etats s'élevèrent de nouveau. « Par le projet de « Bruxelles, dira M. Beernaert, le pays vaincu, le pays « envahi, reconnaît à l'avance des droits sur son territoire « à l'envahisseur. Celui-ci conservera les lois existantes, « ou il les changera, et il les appliquera (art. 3). Les fonc- « tionnaires du pays sont autorisés à se mettre au service

« du vainqueur, si cela leur convient, et même en vue de « ce cas on stipule en leur faveur quelques garanties (art. 4). « L'envahisseur est autorisé à prélever à son profit les « impôts existants, (art. 5) à établir de nouveaux impôts, à « faire des réquisitions et même à frapper le pays envahi « d'amendes... semblable engagement conventionnel ne « me paraît vraiment pas admissible..... Le pays occupé « subit la loi du vainqueur, c'est un fait, c'est la force et « une force majeure, mais on ne peut pas d'avance légiti- « mer l'usage de cette force. Il n'est pas possible que le « vainqueur légifère, administre, punisse, prélève des im- « pôts avec le consentement anticipé et écrit du vaincu... « On a invoqué l'intérêt du pays occupé et spécialement « celui des petits pays... Eh bien, parlant au nom d'un « petit pays, souvent foulé et cruellement foulé par l'in- « vasion, j'aime mieux le maintien de la situation actuelle « au péril des incertitudes qui en résultent », car, ajoutait-il, « il y a des situations qu'il vaut mieux abandonner au « domaine du droit des gens si vague soit-il » (1). L'élaboration d'un règlement paraît donc impossible ; alors le président de la 2e commission, M. F. de Martens, tente de ramener à la raison les petits Etats. « L'incertitude est-elle « profitable au faible ? Le faible devient-il plus fort, parce « que les devoirs du fort ne sont pas déterminés ? Le fort « devient-il plus faible, parce que ses droits sont précisés

(1) 2e commission, 2e sous-commission, n° 6, *Annexe à la séance du 6 juin 1899*

« et par conséquent limités ? — A vous, Messieurs, de « résoudre la question : à qui sera avantageux le doute et « l'incertitude : au faible ou au fort ? » (1). Ainsi mis en garde contre la dangereuse théorie de M. Beernaert, les petits Etats comprirent quelle devait être leur conduite ; ils acceptèrent la discussion, s'efforçant de limiter les pouvoirs concédés à l'envahisseur. D'ailleurs, pour les amener à composition, on employa deux moyens. Le premier consistait à s'engager à donner aux troupes, des instructions ayant pour but de diminuer les effets de la force brutale. Tel fut l'objet de l'article 1 de la Convention. Par le second, on évita dans le règlement, toute rédaction pouvant inquiéter les petits Etats. On ne dit pas, par exemple, qu'il était permis de lever des impôts ; mais on prescrivit les règles à observer, si on en levait. Alors l'habitant obéirait, en apparence du moins, aux règles dictées par l'envahisseur, et non à celles prescrites par son gouvernement (2).

Paragraphe II. Définitions et Généralités

L'occupation est le fait matériel de pénétrer sur le territoire ennemi ; elle confère à l'envahisseur, notamment en matière de réquisition, certains droits étudiés ci-dessous à propos de l'occupation. Cette dernière « est un état « de fait, essentiellement provisoire, qui ne donne à l'oc-

(1) *Annexe à la 6e séance.* Conf. G. de Lapradelle, pp. 91, 92.
(2) Conf. pp. 35 et 36 supra.

« cupant que le droit d'accomplir les actes indispensables « aux fins de la guerre, en respectant pour le surplus la « souveraineté du pays occupé » (1). Ajoutons-y cependant, le pouvoir de décider des mesures impérieusement commandées par les intérêts des habitants, tels l'entretien des voies de communication, l'administration de la justice. Naturellement il ne s'agit ici que de l'occupation de guerre faisant suite à l'invasion. L'impossibilité pour le gouvernement légal d'exercer sa souveraineté, légitime, souvent dans l'intérêt même du pays, un changement d'autorité : autorité de fait de l'occupant à l'autorité de droit du gouvernement légal. Mais cette dernière n'est que suspendue, car une cession conventionnelle du territoire, à moins d'absorption du vaincu par le vainqueur, transférerait seule la souveraineté. « On ne saurait prétendre, dit Heff- « ter, que la conquête opère de plein droit une subroga- « tion du vainqueur dans les droits du gouvernement « vaincu » (2). L'occupant a donc certains droits. « A la « suite de l'occupation, la Puissance ennemie est en droit : « 1° de ne pas souffrir que le gouvernement ennemi conti- « nue à exercer sur le territoire envahi une autorité publi- « que ; 2° d'exercer de son côté le pouvoir souverain, autant « qu'il faut pour la sécurité de l'armée et le maintien de « l'ordre ; 3° par contre, l'occupant n'est pas en droit de « traiter le territoire occupé comme une partie définitive-

(1) Définition donnée par M. Frantz Despagnet, loc. cit. p. 903.

(3) Heffter-Geffcken. *Le droit international de l'Europe*, trad. Bergson. P. 131.

« ment acquise de son propre Etat et de considérer les habi-« tants comme ses sujets (1). » Maintien de l'ordre, sécurité de l'armée, telles sont les raisons de l'autorité de l'occupant ; et cette autorité ne saurait s'exercer pour une autre cause. Le gouverneur de l'Alsace outrepassait ses droits, d'après la théorie allemande elle-même, en faisant célébrer, dès le 8 Octobre 1870, la réunion de Strasbourg à l'Allemagne. Lord Roberts, en annexant dès septembre 1900 les républiques sud-africaines ; l'Italie, en annexant la Tripolitaine, transgressaient également le droit des gens. Car l'intention de conserver les territoires envahis est un motif inacceptable, parce que « la simple intention « d'une des parties ne peut produire d'effets en droit, elle « ne peut amener de nouveaux rapports juridiques. Avec « quelque certitude que l'ennemi puisse compter qu'il « forcera son adversaire vaincu à consentir à la cession « par le traité de paix, il n'a, jusqu'à la conclusion de la « paix ou l'anéantissement de son adversaire, d'autres « droits que ceux qui découlent de sa possession (2). » Les gouverneurs généraux allemands de l'Alsace et de la Lorraine, le roi de Prusse méconnaissent également ces principes quand ils édictent les peines des travaux forcés, d'amendes, de bannissement, même la confiscation des biens présents et futurs contre les Alsaciens et les Lor-

(1) BLUNTSCHLI. *Le droit des gens dans la guerre franco-allemande, dans le Jahrbuch* (Annuaire), de M. DE HOLTZENDORFF, 1871, p. 307.

(2) Docteur LOENING. *L'administration de l'Alsace durant la guerre de 1870-71*. Revue de droit international, 1872, p. 631.

rains, alors Français, coupables de répondre à l'appel de leur gouvernement réclamant leur concours pour la défense du pays. L'Allemagne voulait annexer l'Alsace ainsi qu'une partie de la Lorraine, mais jusqu'à la cession des territoires, elle n'avait sur eux que les droits conférés par l'occupation. Or, celle-ci n'autorise pas les mesures prévues plus haut, contre des actes préjudiciables aux intérêts de l'envahisseur, il est vrai, mais qui sont pour leurs auteurs l'accomplissement d'un devoir patriotique.

Admis le principe de la souveraineté de fait de l'occupant, il fallait décider quand avait lieu l'occupation. Alors il fallait éviter les exagérations des deux prétentions opposées, celle des grandes Puissances qui admettait les occupations fictives à l'instar des blocus fictifs, celle des petits Etats qui exigeait la soumission absolue du pays à l'armée occupante. L'article 42 de 1899, reproduisant l'article 1er du projet de 1874, déclare « qu'un ter-« ritoire est considéré comme occupé lorsqu'il se trouve « placé de fait sous l'autorité de l'armée ennemie.

« L'occupation ne s'étend qu'aux territoires où cette au-« torité est établie et en mesure de s'exercer. » Ainsi est condamnée la pratique allemande de 1870, étendant l'occupation à toute une circonscription, dès lors qu'elle a été notifiée par affiche à son chef-lieu (1). L'occupation, question de fait, n'existe que là où l'autorité de l'envahisseur s'impose réellement. Et là seulement, il y a double souveraineté, souveraineté légale qui n'a pas les moyens de se

(1) Conf. Brenet, loc. citée, p. 143-144.

faire respecter, souveraineté de fait de l'occupant qui s'impose par la force.

Quelles sont les conséquences de l'occupation ? Nous allons les examiner en étudiant successivement les pouvoirs de l'occupant : 1° se référant aux actes de souveraineté générale ; 2° sur les personnes habitant le territoire occupé ; 3° sur les propriétés privées ; 4° sur les propriétés de l'Etat occupé.

Paragraphe III. Pouvoirs se référant aux actes de souveraineté générale

I. — *La législation du territoire occupé*

Cette législation peut avoir deux sources, parce qu'il y a deux souverainetés. Cependant, l'occupation étant essentiellement précaire, les anciennes lois devront autant que possible être maintenues. Seuls, les changements nécessités par les circonstances y seront apportés. Principe contraire à celui des instructions américaines de 1863, mais consacré par l'article 43 du règlement de la Haye. « L'autorité du pouvoir légal ayant passé de fait entre les « mains de l'occupant, celui-ci prendra toutes les mesures « qui dépendent de lui en vue de rétablir et d'assurer au- « tant qu'il est possible, l'ordre et la vie publics, en res- « pectant, sauf empêchement absolu, les lois en vigueur « dans le pays. »

En général, l'occupant aura intérêt à respecter les législations civile, criminelle et administrative ; mais il en sera autrement en ce qui concerne la liberté de la presse, la liberté de réunion. Ces deux libertés sont incompatibles à l'état de guerre, car leur usage peut nuire non seulement aux intérêts de l'occupant, mais encore, ainsi que cela s'est passé pendant le siège de Paris, aux intérêts de l'Etat, souverain légal du territoire occupé. Aussi tout pays en guerre devrait en suspendre l'exercice, d'autant qu'au point de vue militaire, il importe plus encore de prévenir les indiscrétions de la presse que de les punir (1). Sur le territoire où il exerce sa souveraineté, l'occupant ne peut donc tolérer les journaux qui le combattent, ou qui répandent des nouvelles qui lui sont défavorables.

Les lois sur la conscription sont également suspendues et l'envahisseur s'efforcera d'empêcher les hommes valides de rejoindre l'armée ennemie, soit en les surveillant, soit en sanctionnant par des peines toute tentative dans ce but (2). Mais si des individus réussissent à s'échapper et sont ensuite faits prisonniers, il n'a aucun grief à leur imputer. Le plus que l'on puisse faire, en effet, pendant l'occupation, est de considérer les habitants du territoire occupé comme des prisonniers de guerre; or, le prisonnier de guerre, pris après avoir rejoint son armée, n'est passible d'aucune peine pour sa fuite antérieure. La prétention émise dans l'ordonnance allemande du 15 Décembre 1870, de considérer comme traîtres au gouvernement allemand ceux qui avaient enfreint cette ordonnance, était donc un abus de la force contraire à tout droit.

(1) Conf. Mariotti, loc. citée, p. 159.

(2) Conf. *Décret royal prussien du 13 août 1870.*

Non seulement l'occupant peut interdire les actes qu'il juge nuisibles à ses intérêts, mais encore, il peut prescrire ceux qui lui seraient utiles. Toutefois, il ne devra jamais exiger des habitants des actes qui seraient une participation directe à la lutte contre leur patrie. Nous retrouverons ce principe avec les articles 23 et 44, quand nous étudierons les pouvoirs concédés à l'occupant sur les personnes habitant le territoire occupé.

II. — *Les règles de l'administration de la justice*

L'occupant doit laisser librement fonctionner les juridictions locales ; et celles-ci devront continuer leurs travaux, parce que l'administration de la justice est indispensable à la sécurité générale, et que leur abstention forcerait l'occupant à les remplacer par des juridictions peu aptes dans l'interprétation des lois et coutumes du pays. C'est donc à tort que le tribunal de Laon déclarait, en 1870, que « l'existence d'une justice française est in- « compatible avec celle d'une administration étrangè- « re » (1). Mais elles devront tenir compte de l'occupation pour éviter tout conflit avec l'ennemi. C'est ainsi qu'elles ne sauraient condamner une personne ayant accompli un acte favorable à l'occupant, même s'il est criminel en lui-même (2) ; car ce serait de leur part, un acte de rebellion contre la souveraineté de ce dernier. Elles se borneront à

(1) *Assemblée générale du Tribunal de Laon*, 15 octobre 1870. Palais.

(2) Au point de vue du pays occupé. Il en serait autrement s'il s'agissait d'un crime ou d'un délit de droit commun ; car alors, même si l'acte profite à l'envahisseur, celui-ci doit en faciliter la répression et non l'entraver.

prendre note des faits, afin de poursuivre le délinquant dès la suppression de cette souveraineté.

Elles accepteront le concours de la force publique de l'occupant, seule disponible, quand elle leur sera nécessaire pour arrêter les coupables et faire exécuter leurs jugements. On a donc été trop loin en déclarant nulle une perquisition faite, en 1870, par un garde forestier français assisté de deux gendarmes allemands.

La justice sera rendue au nom du souverain légal, car l'occupant n'est pas, en droit, substitué à ce dernier. En 1870, le commissaire civil de la Lorraine prescrivit à la cour de Nancy de prononcer ses arrêts « au nom des hau-« tes Puissances alliées allemandes », puis au « nom de « l'empereur » ; mais la cour décida en audience solennelle, l'empereur étant en captivité et la république ayant été proclamée, « qu'il y a lieu, pour elle, sans abdiquer « ses fonctions, de provisoirement s'abstenir (1) ».

Pouvant modifier les lois du pays, devant veiller à sa propre sécurité, l'occupant prescrira certaines mesures, en interdira certaines autres (2). Or, il ne pourra donner compétence aux tribunaux locaux sur les infractions à ces prescriptions et interdictions ; car il serait difficile à des juges français, par exemple, de condamner, au nom de leur gouvernement, un acte préjudiciable à l'adversaire, mais commis dans l'intérêt de ce gouvernement. Il faut

(1) *Arrêt de la cour de Nancy*, 8 septembre 1870, Palais, 1872, p. 203.

(2) Il sera nécessaire qu'il fasse connaître très clairement les unes et les autres.

donc une juridiction relevant exclusivement de l'occupant. D'où les cours martiales, chargées non seulement du maintien de la discipline dans les armées et de statuer sur tous les crimes ou délits commis par les membres de ces armées ; mais encore, de protéger ces derniers contre les attaques des habitants et d'obliger ceux-ci à l'observation des ordres et règlements. Nous avons eu l'occasion d'affirmer cette nécessité en 1881, lors de l'occupation de la Tunisie. Ce pays était sous le régime des capitulations, les étrangers étaient justiciables de leurs tribunaux consulaires. Or, beaucoup d'attentats furent commis contre nos soldats par les sujets italiens, dont l'occupation française froissait les sentiments nationaux. Au début, ces sujets étaient remis à l'autorité consulaire italienne, qui, en cas de délit, se montrait très faible, et qui, en cas de crime, renvoyait les auteurs en Italie : c'était l'impunité. Nous ne pouvions tolérer pareil état de choses. Or, nous occupions le pays par la volonté du souverain, qui n'avait pas pu nous transmettre le droit de juger les Européens qu'il n'avait pas lui-même. Une commission de jurisconsultes fut réunie à Paris en 1882 ; elle fut unanime à admettre et à proclamer le droit pour une armée à l'étranger, de se faire respecter et de se défendre par sa propre juridiction. A la suite de cette délibération, les attentats furent déférés aux conseils de guerre et cessèrent aussitôt. De même, le tribunal arbitral de la Haye, réuni à propos de l'incident de Casablanca, affirma, dans sa sentence du 22 Mai 1909, le droit de juridiction des corps d'occupation à l'égard de tous pour faire valoir leurs droits et assurer leur protection.

Reconnues nécessaires lors d'une occupation hors l'état de guerre, les cours martiales le sont à plus forte raison dans l'état de guerre. En 1870, les cours allemandes furent organisées arbitrairement par les chefs militaires (1) ; seules la procédure à suivre pour certains actes, la peine (la mort) et l'obligation d'exécuter immédiatement la sentence avaient été déterminées par l'empereur. Cette manière de faire, tout à fait condamnable, est changée ; dans la nouvelle législation militaire allemande, il y a une procédure régulière en cas de guerre. Au Japon, pendant la guerre russo-japonaise, d'après M. Nagao-Ariga, il semble qu'il n'y ait pas eu de règles uniformes. Chaque corps d'armée avait un jurisconsulte et organisait, comme il l'entendait, les juridictions militaires ; de là un manque d'uniformité.

Obligé de suppléer le gouvernement légal, dans le cas où les juridictions établies se trouveraient suspendues, l'occupant devrait en créer de nouvelles. Alors ces dernières relèveront exclusivement de lui ; mais, il semble que dans ce cas, les jugements, après libération du territoire, ne pourront être exécutés qu'après concession de l'exéquatur (2). « En matière civile, les juridictions provi-

(1) Proclamation publiée dans les territoires occupés par les commandants en chef des armées allemandes, 18 Août 1870. Conf. Brenet, note p. 187.

(2) Conf. Frantz Despagnet, loc. citée, p. 968.

« soires de l'occupant appliqueront la loi de l'occupé, « mais après l'occupation, si les jugements rendus par ces « juridictions n'ont pas été exécutés, ils seront considérés « comme des jugements étrangers et ne recevront exécu- « tion qu'après avoir obtenu l'exéquatur. En matière « pénale ordinaire, les juridictions provisoires établies « par l'occupant rendront leurs jugements, autant que « possible, d'après la loi pénale ordinaire de l'occupé. Ces « jugements seront exécutoires seulement pendant la « période d'occupation (1) ».

III. — *Les mesures économiques et administratives*

Les mesures économiques et administratives que peut prendre l'occupant, sont laissées à son appréciation ; mais il est de son intérêt de faciliter la réorganisation ou le maintien de la vie sociale. Quelquefois il lui suffira de laisser faire ; le plus souvent il lui faudra seconder les efforts de l'habitant ; mais toujours, il devra faire ce qu'il aura promis. Il facilitera la reprise des transactions commerciales ; il rétablira les marchés, le service des postes, des chemins de fer, des télégraphes ; il veillera à l'entretien des voies de communication ; il rouvrira les écoles. Quelquefois il établira des règles pour faire accepter sa monnaie. En un mot, son attention devra s'étendre à tous les rouages de la machine sociale. Et cela est pour lui un devoir corrélatif du droit qui lui est reconnu, de lever des

(1) Lieutenant Jacomet. *Les lois de la guerre continentale*, p. 73.

impôts (1). Pour y satisfaire, il cherchera à s'assurer le concours des anciens fonctionnaires. Une question se pose alors ; les fonctionnaires peuvent-ils rester à leurs postes ! En 1874, la Russie avait proposé de contraindre ceux de l'administration, de la police et de la justice à continuer leur service ; d'exiger d'eux un engagement, sous serment, de remplir les devoirs de leur charge, sous peine de révocation et de poursuites judiciaires pour ceux qui s'affranchiraient des obligations qu'ils auraient précédemment contractées ? (2) Cela eût été approuver la conduite de la Prusse de 1870, notamment à l'égard des fonctionnaires de la préfecture de Versailles. Mais la Conférence refusa de suivre la Russie sur ce terrain, et dans son projet, n'admit à ce sujet qu'un article 4 ainsi conçu : « Les fonctionnaires et les employés de tout ordre « qui consentiraient, sur son invitation, (celle de l'occu- « pant) à continuer leurs fonctions, jouiront de sa protec- « tion. Ils ne seront révoqués ou punis disciplinairement « que s'ils manquent aux obligations acceptées par eux et « livrés à la justice que s'ils trahissent ». La Conférence de 1889 repoussa cet article, y trouvant pour les fonctionnaires un encouragement à continuer leurs services à l'occupant. Cette question est donc restée dans le droit coutumier, qui doit prendre seulement en considération, le bénéfice résultant pour les administrés du maintien du

(1) Conf. *Manuel français*, p. 94.
(2) Paragraphes III et IV du projet russe.

titulaire en fonctions. Ainsi les maires, parce qu'il est de leur devoir de s'interposer entre l'ennemi et l'habitant, dans le but de modérer les exigences de celui-là, et de calmer la colère impuissante de celui-ci, devront rester à leur poste, étant entendu, qu'ils refuseront à l'envahisseur tout concours ayant pour unique résultat de combattre leur patrie (1). Car resté à son poste, le fonctionnaire demeure libre de s'abstenir de tout service, s'il juge totalement inconciliables les intérêts du pays et les exigences de l'occupant. Par contre, ce dernier conserve l'entière liberté de procéder à toutes les révocations nécessaires. Alors, il nommera de nouveaux fonctionnaires qui relèveront exclusivement de lui.

Quant aux fonctionnaires (2) qui auraient reçu des instructions pour se retirer devant l'invasion, il ne saurait être question pour eux de la possibilité de rester à leurs postes. Il en est de même pour les agents politiques, qui par la nature même de leurs fonctions, servent d'intermédiaires entre la population et le gouvernement légal ; qui, par suite, ne sauraient continuer leurs services sans nuire aux intérêts de l'occupant.

Des Impôts. — On n'a pas dit, dans le réglement de la Haye, que l'occupant pouvait lever des impôts ; mais on a dit ce qu'il devait faire s'il en levait. « Si l'occupant, dit « l'article 48, prélève, dans le territoire occupé, les im-

(1) Conf. *Manuel français*, p. 97.
(2) Les fonctionnaires des finances par exemple.

« pôts, droits et péages établis au profit de l'Etat, il le « fera, autant que possible, d'après les règles de l'assiette « et de la répartition en vigueur, et il en résultera pour « lui l'obligation de pourvoir aux frais de l'administration « du territoire occupé dans la mesure où le gouvernement « légal y était tenu ». L'impôt est perçu par l'occupant, parce qu'étant substitué au gouvernement légal dans l'administration du pays, il lui faut prélever sur ce pays l'argent nécessaire à cette administration. En aucun cas il ne doit être un bénéfice pour lui. Toutefois, il pourra consacrer à ses propres besoins la partie non utilisée sur le territoire envahi, car elle constitue un revenu de l'Etat ennemi. Le lui confisquer paraît alors conforme aux principes, qui admettent la main-mise sur toute « pro- « priété mobilière pouvant servir aux opérations de la « guerre (1)». Ce droit de percevoir les impôts est d'ailleurs limité à ceux déjà établis au profit de l'Etat. « L'oc- « cupant n'a point à créer d'impôts nouveaux. Dans les « sociétés modernes, l'établissement de l'impôt est un at- « tribut de la puissance souveraine, qui continue à rési- « der dans les mêmes mains jusqu'à la conquête définitive. « La possession temporaire du sol ne saurait par consé- « quent conférer à l'envahisseur le droit de lever des con- « tributions nouvelles (2)». « Quant aux contributions pro- « vinciales ou communales, affectées à des dépenses d'in- « térêt local, aucune raison ne l'autorise (l'occupant) à y

(1) Art. 53 du réglement.
(2) *Manuel français*, p. 103.

« porter la main ; il peut seulement en surveiller l'emploi « pour que le produit n'en soit pas détourné vers un but « hostile (1) ».

Les impôts sont, autant que possible, perçus d'après les règles fiscales en vigueur dans le pays (2) ; ce qui ne sera pas sans soulever de sérieuses difficultés. En 1870, le gouvernement allemand déclara qu'il percevrait les impôts échus ou à échoir postérieurement au 15 août, et qu'il s'en tiendrait aux cotes des contributions directes, fixées, pour chaque département, par le budget français de 1871. Mais en présence des difficultés que présentait le recouvrement des impôts conformément à la législation française, il décréta bientôt l'établissement d'un seul impôt direct, aux lieu et place de tous les impôts directs et indirects existants (3).

§ IV et V. — Pouvoirs de l'occupant sur les personnes et sur les propriétés privées.

La guerre, parce qu'elle est nécessaire, a toujours été et sera de tout temps ; et la force, son principal argument,

(1) *Manuel français*, p. 102.

(2) Conf. art. 48.

(3) Cet impôt direct unique comprit, d'une part, la somme des contributions directes établie par le tableau de répartition des communes pour 1870, et d'autre part, le rendement total de l'enregistrement, du timbre. etc. ; rendement basé sur la moyenne des deux dernières années. Le maire et le conseil municipal étaient chargés de répartir entre les contribuables le montant fixé pour chaque commune. Généralement le maire devait s'occuper du recouvrement. Il lui était même fait de ce chef, sur les sommes encaissées, une remise de 3 0/0, qu'il était de son devoir d'accepter, non à titre de rémunération personnelle, mais comme allègement de la somme à payer par les contribuables, et dans leur intérêt.

n'acceptera jamais que les limites qu'elle voudra bien accepter, autrement dit, l'intérêt décidera de la conduite du vainqueur. Cet intérêt, le plus souvent, se couvrira des nécessités militaires, prétextes à l arbitraire, mais que les lois de la guerre ne sauraient ignorer ; car « dictées » par l'humanité et l'intérêt bien entendu, les lois de la » guerre restent subordonnées au droit essentiel de con- « servation » (1). Cette vérité n'est pas encore complètement admise (2). Cependant tous les auteurs admettent des dérogations au principe du respect de la personne et de la propriété de l'habitant, dérogations motivées par la nécessité. Et pratiquement, l'habitant supporte et supportera longtemps encore certaines conséquences de la guerre ; parce qu'à côté des principes de justice et d'humanité, le droit à la vie ou principe de conservation influence la décision du chef. Dans l'alternative ou de le sacrifier ou de sacrifier ses soldats ou ses projets, il n'hésitera pas et ne doit pas hésiter (3). Nullement tenu d'accepter les mêmes raisons, le philanthrope défend surtout les droits sacrés de l'humanité. Il en est résulté, à la Haye, des discussions serrées, particulièrement quant aux pouvoirs concédés au vainqueur sur les personnes et sur

(1) ALPHONSE RIVIER. *Principes du droit des gens*, 1896, p. 212.

(2) Surtout à propos des moyens de nuire, et particulièrement à propos des sièges et des bombardements. Conf. A. MÉRIGNHAC. Loc. citée ; GEFFCKEN sur HEFFTER. Loc. citée ; FIORE. *Droit international codifié* ; PILLET. Loc citée ; BRENET. Loc. citée ; DESPAGNET. Loc. citée.

(3) Conf. CH. PONT. *Les réquisitions militaires dn temps de guerre*, p. 34 et s. BOIDIN. *Les lois de la guerre et les deux Conférences de la Haye*, p. 26 et s. ; Manuel allemand, voir note p. 95-96 ci-dessus.

les propriétés privées. Il fallait, en effet, que la loi fut assez large pour tenir compte des nécessités ; car « la loi « de la guerre, une fois acceptée, doit être appliquée loya- « lement et régir tous les cas, sans que la nécessité, si forte « qu'elle soit, ... autorise à s'en départir »,

Nous étudierons d'abord les pouvoirs de l'occupant sur les personnes, puis ses pouvoirs sur les propriétés privées. Mais remarquons, dès maintenant, que certains articles du règlement de la Haye sont applicables en territoire simplement envahi. Et, c'est même dans ce cas, que leur application est le plus nécessaire, car, en territoire occupé, l'autorité militaire étant établie de fait avec une certaine garantie de solidité, une organisation régulière sera installée ; d'où le respect des personnes et des propriétés privées sera plus facilement observé.

I. — *Pouvoirs sur les personnes.*

Services personnels. — « Il est interdit à un belligérant « de forcer la population d'un territoire occupé à donner « des renseignements sur l'armée de l'autre belligérant ou « sur ses moyens de défense » art. 44. Cet article, duquel il faut rapprocher le 2e alinéa du paragraphe h de l'article 23, est conforme au principe de la neutralité de l'habitant. Dans les différentes armées, on avait coutume de contraindre l'habitant à coopérer à la recherche des renseignements soit en l'obligeant à dévoiler ce qu'il savait sur les siens, soit en le prenant pour guide. Cet usage, bien

(1) Conf. A. Mérignhac, loc. citée, p. 145.

que très attaqué, était cependant admis au nom des nécessités militaires. Condamné à la Haye, il sera sans doute encore suivi dans l'avenir, car certaines Puissances dont l'Autriche, l'Allemagne (1), la Russie, cette dernière en vue d'une guerre avec la Turquie, ont refusé d'adhérer à l'article 44. C'est qu'il exige le sacrifice d'errements dont le bénéfice, pour qui les suit, est trop important pour être abandonné sans regret. L'intérêt s'éleva contre la logique, qui condamnait une pratique assimilable à d'autres pratiques depuis longtemps condamnées, comme le fait, par exemple, de recruter des troupes sur le territoire envahi. Il y eut joute oratoire ; l'article 44 fut cependant voté, mais sans engager beaucoup l'avenir puisque certaines grandes Puissances lui refusèrent leur adhésion (2).

(1) « Le principe qu'aucun habitant d'une région occupée ne peut être « contraint de prendre une part directe à la lutte menée contre son pro- « pre pays subit cependant, d'après les lois généralement adoptées de la « guerre, une exception qui doit être mentionnée ici : à savoir l'emploi « d'habitants du pays comme guides dans des régions inconnues. Quel- « que horreur qu'éprouve le sentiment de l'humanité pour contraindre « un homme à nuire à sa propre patrie et à combattre indirectement « contre les troupes de celle-ci, aucune armée opérant en pays ennemi » ne pourra renoncer complètement à cette pratique ».

« Le fait de contraindre les habitants à fournir des renseignements sur « leur propre armée, sur la conduite de la guerre, les ressources et les « secrets des leurs, apparaît comme une mesure plus rigoureuse encore. « La plupart des écrivains de toutes les nations réprouvent cette prati- « tique. On ne pourra néanmoins toujours s'en passer : on ne l'emploiera « qu'avec regret, mais la raison de guerre y contraindra souvent ». (*Les lois de la guerre continentale*) publication de la section historique du grand Etat-major allemand, 1902, traduction de P. CARPENTIER, p. 110).

(2) LEMONON, loc. cit., p. 312 et s. ; A. de BUSTAMANTE, p. 257 et s. Conf. F. DESPAGNET, loc. cit., p. 913. A. MÉRIGNHAC, loc. cit., p. 268 et

Déjà une proposition russe consacrant l'emploi des guides, avait été rejetée par la Conférence de Bruxelles, dont le projet adoptait le principe contraire (1). En 1899, l'article 44 du règlement « interdit de forcer la population « d'un territoire occupé à prendre part aux opérations « militaires contre son propre pays ». En 1907, la délégation allemande demande d'insérer à la suite de l'article 23, l'article suivant : « Il est interdit de forcer les ressortis- « sants de la partie adverse à prendre part aux opérations « de guerre dirigées contre leur propre pays, même dans « le cas où ils auraient été pris en service avant le com- « mencement de la guerre » (2). Par cette proposition, elle pensait gêner la délégation française. Mais celle-ci déclara l'accepter, ajoutant qu'en 1870, les Allemands faisant partie de la légion étrangère étaient restés dans les dépôts ; d'abord parce qu'il eût été immoral de les forcer à lutter contre leur patrie, ensuite parce qu'un belligérant ne doit pas exposer ses soldats à être fusillés comme traîtres, lorsqu'ils sont faits prisonniers. Au reste, « des soldats retenus par force dans les rangs d'une armée ne peuvent être pour celle-ci qu'un élément de faiblesse ». La délégation austro-hongroise propose de limiter cette prohibition aux actes du combattant. Cependant l'amendement allemand ne faisait qu'élargir la portée de l'arti-

suiv. ; Ch. Pont, loc. cit., p. 47. Manuel français (3e édit.), p. 111. Manuel allemand, p. 110, traduction Carpentier.

(1) Art. 36 du projet devenu l'art. 44 de 1899.

(2) A. de Bustamante, loc. cit., p. 255 et suiv.

ticle 44 de 1899, en l'étendant à tous les nationaux ennemis, même hors le cas d'occupation, même quand le national se trouvait déja engagé au service de l'autre belligérant. Aussi fut-il accepté ; légèrement modifié dans son texte, il devint le 2e alinéa du paragraphe h de l'article 23, et la restriction austro-hongroise fut repoussée (1).

Ce premier succès fut complété par la rédaction nouvelle de l'article 44, qui, ne laissant place à aucun doute, interdit l'emploi des guides forcés. Cependant l'Autriche-Hongrie, la Roumanie, la Russie s'opposaient à cet emploi et s'opposaient également à l'utilisation des ressortissants de l'adversaire pour les travaux de voirie ou de fortifications. Mais la Chine, l'Espagne, la France, la Grèce, les Pays-Bas, la Suisse étaient d'avis contraire. « Il est certain que « l'habitant qui a trahi sa patrie, même après y avoir été « contraint (2) peut être passé par les armes par les siens. « Comment concilier une situation qui l'expose des deux « côtés sans son fait, avec la disposition qui lui garantit « solennellement la vie, la liberté et l'honneur ? — Et, « permettez-moi, ajoutait M. Beernaertt, de faire remarquer « le caractère nouveau que prendrait la réquisition d'un « guide par l'ennemi, si elle se faisait désormais en vertu « d'une convention mondiale. Il ne s'agirait plus d'un fait

(1) Il est également interdit à un belligérant de forcer les nationaux de la partie adverse à prendre part aux opérations de guerre dirigées contre leur pays, « même dans le cas où ils auraient été à son service avant le « commencement de la guerre ». (Voir note 2, page 104 ci-dessus).

(2) Dans ce cas particulier, ce serait une injustice de passer l'habitant par les armes.

« de force, d'un fait de violence explicable, non justifia-« ble par une situation qui ne comporterait pas de délibé-« ration. C'est chacune de nos patries qui admettrait par « un acte solennel que l'on pût exiger de ses enfants de lui « porter un coup peut-être mortel. » De son côté le général Den Beer Portugaël, rapprochant la situation de l'habitant de celle du prisonnier laissé libre sur parole, rappelait qu'il était défendu à celui-ci, sous des peines sévères, de rapporter aux siens ce qu'il savait sur l'ennemi ; montrait l'impossibilité de reconnaître alors à ce dernier le droit d'obliger l'habitant à lui révéler les secrets des siens. Il s'élevait contre la prétention de faire consacrer par un traité international le droit d'exiger un crime, car c'en est un que de trahir sa patrie, et c'est trahir que de prêter ses services à l'adversaire. Aux généraux d'éclaircir par d'autres moyens les choses de la guerre. Et si un peuple manque de moyens suffisants pour mener à bien les opérations militaires, qu'il s'abstienne de troubler la paix du monde (1).

L'article 44 accepté, pousser plus avant la prohibition de services personnels eût été impossible. Laissant donc au vainqueur la faculté d'en réclamer des habitants, la Conférence se contenta d'en restreindre l'usage en les réglementant le plus possible. « Des réquisitions en nature « et des services ne pourront être réclamés des communes « ou des habitants, que pour les besoins de l'armée d'oc-

(1) Gén. Den Beer Portugael.

« cupation. Ils seront en rapport avec les ressources du « pays et de telle nature qu'ils n'impliquent pas pour les « populations de prendre part aux opérations de la guerre « contre leur patrie.

« Ces réquisitions et ces services ne seront réclamés « qu'avec l'autorisation du commandant dans la localité « occupée.... » art. 52.

L'article 45, interdisant « de contraindre la population « d'un territoire occupé à prêter serment à la Puissance « ennemie » n'est que la conséquence du maintien de la souveraineté légitime pendant l'occupation. Les habitants doivent alors obéir aux ordres de l'ennemi, à condition toutefois, qu'ils soient conciliables avec leurs droits envers leur patrie.

A la suite de cet article, les délégués hollandais proposent, en 1907, d'ajouter un article 45 *a*, interdisant la condamnation d'un habitant à la peine de mort, si ce n'est par sentence du conseil de guerre sanctionnée, avant l'exécution, par le général en chef de l'armée. Mais craignant qu'elle ne fût interprétée comme une restriction aux principes du réglement de 1899, ils retirèrent cette proposition.

Mesures collectives contre la population. — « Aucune peine collective, pécuniaire ou autre, ne pourra « être édictée contre les populations à raison de faits in- « dividuels dont elles ne pourraient être considérées com- « me solidairement responsables » (1).

(1) Comp. ce qui est dit ci-dessous à propos des contributions, p. 189, note 1.

Cet article 50 du réglement condamne donc les pratiques allemandes de 1870. Amendes, peines afflictives, le plus souvent la mort, étaient pour eux des instruments de domination. Se jouant de l'humanité, se jouant de la justice, ils terrorisaient les populations, appliquant sans propos la dure loi de la nécessité, au nom de laquelle, le plus souvent, ils frappaient des innocents. La Conférence pensa qu'elle ne pouvait admettre des actes tenant moins de la justice que des représailles (1), qu'elle ne pouvait couvrir des crimes unanimement réprouvés comme celui de Vaux par exemple. Tout autre serait la responsabilité collective résultant d'un engagement pris par l'occupant. Ainsi, dans la guerre de Mandchourie, les Japonais restèrent dans la lettre du réglement, en imputant aux habitants la destruction des voies ferrées et fils télégraphiques pour la sécurité desquels, ils s'étaient engagés collectivement à prendre les mesures nécessaires. Toutefois la répression doit avoir égard à la gravité du fait ainsi qu'aux circonstances du moment.

Otages. — L'usage des otages remonte aux temps anciens. Il y eut jadis des otages de guerre et des otages de paix qui garantissaient l'exécution d'un traité. Cette dernière application a disparu de nos jours, du moins dans les guerres entre les Puissances civilisées ; mais, au cours des hostilités, il a été pris des otages, soit à titre de représailles, soit pour garantir l'exécution d'une capitula-

(2) Comparer ce qui est dit ci-dessous à propos des représailles, p. 218.

tion, ainsi qu'il a été fait, en 1870, à Dijon, où deux adjoints au maire furent retenus dans ce but par les Allemands. Dans ces deux cas, bien que le réglement n'en parle pas, l'otage a droit au traitement des prisonniers de guerre.

Du 18 octobre 1870 au 31 Mars 1871, les Allemands firent une application nouvelle du droit d'otage, en contraignant, pour la sécurité des voies menacées par les populations, des notables des villes et des villages français à monter sur les locomotives. Cette mesure a soulevé une réprobation universelle, car elle exposait la vie d'habitants paisibles. Elle doit être flétrie au même titre que le procédé consistant à mettre en avant des manifestants, des femmes et des enfants pour empêcher la troupe de faire usage de ses armes (1).

II. — *Pouvoirs de l'occupant sur les propriétés privées.*

« L'honneur et les droits de la famille, la vie des indi-
« vidus et la propriété privée, ainsi que les convictions
« religieuses et l'exercice des cultes, doivent être respectés.

« La propriété privée ne peut pas être confisquée » art.

(1) *Le Manuel allemand* : *Les lois de la guerre continentale*, p. 114 justifie ainsi l'usage des otages d'accompagnement : « Il se justifie d'ailleurs non seulement pour ces raisons (il était le seul moyen d'impressionner les populations, mais aussi par le fait qu'il a eu un plein succès... » Ce motif est inadmissible, car la présence sur les locomotives d'un notable du pays, ne saurait être suffisante pour empêcher les destructions des voies ferrées.

46. — « Le pillage est formellement interdit » art. 47.

Ainsi rédigés, ces deux articles n'admettent aucune restriction. Cependant les règles qu'ils édictent, subissent elles aussi dans la pratique, l'influence des nécessités militaires. A propos des guides, nous avons déjà vu que les belligérants faisaient parfois et feront probablement encore à l'occasion, bon marché de l'honneur et même de la vie des individus. La propriété privée ne sera pas mieux respectée, non seulement du fait des réquisitions ou contributions prévues par le réglement lui-même ; mais aussi, du fait des exigences de la lutte. Pourtant il était utile de proclamer dans un accord international, les préceptes généraux relatifs à l'individu et à la propriété privée. Certes, ils seront souvent transgressés, en vertu du principe que tout mal nécessaire peut être commis ; mais ils rappellent que la guerre est une relation d'Etat à Etat qui n'a d'autre but, que d'établir la supériorité de l'un sur l'autre ; que par suite tout mal inutile est illicite. C'est pourquoi la formule : la propriété privée doit être respectée, signifie seulement, que le droit des gens proscrit les destructions inutiles ; qu'il proscrit également ce qu'on appelait autrefois le butin et le pillage. Et par butin et pillage, il faut entendre non seulement la prise des biens des ennemis passifs ; mais encore la prise des biens appartenant en propre aux belligérants ennemis. Nous en trouvons la preuve dans les articles 4 paragraphe 3 du réglement de la Haye, protégeant la propriété privée des prisonniers de guerre ; 3 et 28 de la Convention de Genève du 6 juillet

1906, le premier interdisant de dépouiller les blessés, les malades et les morts, le second traitant de l'engagement des Puissances contractantes à en punir les coupables.

Une conséquence du respect de la propriété privée sera que celui des Etats belligérants, débiteur des sujets de l'autre, ne pourra se dispenser de faire face à ses engagements à l'égard de ces derniers. Par suite, il devra leur continuer le paiement des arrérages des titres de rentes nominatifs, qui seraient en leurs noms. Ce qui d'ailleurs, ménageant son crédit, sera conforme à ses intérêts. En Angleterre cependant, on a conservé les solutions contraires de l'ancien droit. En effet, les auteurs anglais prétendent communément aujourd'hui, que la guerre fait cesser tous liens de droit entre un Etat belligérant et les sujets de l'adversaire ; ou que tout au moins, elle suspend l'exercice des droits de ces derniers, et qu'alors, ils ne peuvent plus agir en justice devant les tribunaux de cet Etat belligérant. Cette théorie, qui jadis pouvait être pratiquée, ne le pourrait plus actuellement par suite de l'enchevêtrement des intérêts.

Au sujet des pouvoirs de l'envahisseur sur la propriété privée, il n'y a pas à tenir compte de la nationalité du propriétaire. L'occupant a les mêmes droits et doit les mêmes égards à tous les habitants, quelles que soient leurs nationalités. On a voulu faire des distinctions à la Haye, mais la Conférence refusa d'entrer dans cette voie. Le neutre qui habite un pays, qui y jouit de tous les avantages que ce dernier peut procurer, ne peut, en effet, se dispenser d'en supporter les inconvénients quand il s'en présente ; et le belligérant ne peut réduire ses droits en sa faveur.

Dans le sens restrictif du principe relatif au respect de la propriété privée, les Anglais ont prétendu que les règles de 1899 ne concernaient que la propriété privée ennemie, à l'exclusion de la propriété neutre. On ne saurait approuver cette attitude dont le motif véritable fut le désir de conserver, après la guerre et sans rachat, la ligne du chemin de fer de la compagnie hollandaise traversant les républiques sud-africaines.

Interdit, le pillage doit être réprimé par les différents codes de justice criminelle. Malheureusement ses éléments constitutifs diffèrent suivant les législations (1), Tandis qu'en France, il existe quand le bien d'autrui est saisi en réunion ou bande et à force ouverte (2); l'Allemagne exige la violence ou la menace contre le propriétaire, ce qui nécessite la présence de ce dernier : il n'y a que vol quand on s'empare de biens dans une habitation abandonnée (3). En outre, elle admet le pillage à titre de châtiment et la main-mise sur les objets devenus nécessaires à certaines catégories de personnes ; c'est la porte ouverte à tous les abus (4). Bluntschli, avant la guerre,

(1) Conf. FRANTZ DESPAGNET, p. 918.

(2) Art. 440, *code pénal* ; art. 250, *code de justice militaire*. Conf. Lieutenant-colonel AUGIER et G. LE POITTEVIN, *traité théorique et pratique de droit pénal militaire*, p. 631 et suiv.

(3) Art. 129. *Code de justice militaire allemande*.

(4) Conf. FRANTZ DESPAGNET. Loc. citée, p. 918; BRENET, loc. citée, p. 157; HEFFTER, *Droit international*, paragr. 135.

interdisait absolument le butin, si ce n'est de choses destinées directement aux opérations militaires (1). Plus tard, pour justifier ses compatriotes, il échafaude une singulière théorie sur la responsablité des propriétaires absents, « Le lâche abandon des villages et des châteaux par leurs « habitants, qu'avaient déterminés à la fuite les récits « mensongers d'une presse crédule et calomniatrice sur « la conduite des barbares envahisseurs, a été la princi- « pale cause des dommages que les propriétés abandon- « nées ont eu à subir. » La victime rendue responsable de l'acte du coupable ! Sans doute, les propriétaires des « maisons follement abandonnées » ne pouvaient se soustraire aux obligations de la guerre, par exemple, à la charge du logement. L'autorité envahissante avait donc le droit de faire ouvrir les portes afin de loger ses hommes, mais là se bornait son droit (2). Plus admissible la justification basée sur la démoralisation résultant de l'invasion. Exposé à une mort soudaine le soldat donne souvent libre cours à ses instincts, chez lui le cœur s'endurcit, le sens moral s'émousse. Mais l'Allemagne se devait de réagir ; non seulement elle ne l'a pas essayé, mais parfois le pillage fut officiellement autorisé et organisé comme à Bazeilles, à Châteaudun et à Gray.

Après l'occupation, les tribunaux criminels locaux auront à connaître des faits de pillage, lorsque des habitants

(1) Droit international, cod. 657.

(2) Griolet. *Bulletin de la Société de législation comparée*, janvier 1872 p. 41; Mariotti. *Du Droit des gens en temps de guerre*, p. 148.

s'en seront rendus complices. Un Français fut poursuivi en police correctionnelle et condamné à deux ans de prison, pour avoir prêté son concours aux Prussiens pour dévaliser une cave à Gisors en Décembre 1870 (1). Dans certains cas même, les tribunaux civils auront à en connaître. C'est ainsi que fut admise la revendication d'un cheval, volé par un soldat prussien qui l'avait vendu à un tiers ayant eu connaissance du vol.

Certaines mesures, violant le respect dû à la propriété privée mais imposées par les nécessités inhérentes à l'état de guerre, peuvent être prévues et réglementées dans l'intérêt même du territoire occupé. En ce sens, l'article 53 autorise la saisie, à charge de restitution et d'indemnités réglées à la paix, de « tous les moyens affectés sur « terre, sur mer et dans les airs à la transmission des nou- « velles, au transport des personnes ou des choses, en « dehors des cas régis par le droit maritime, les dépôts « d'armes et, en général, toute espèce de munitions de « guerre » appartenant à des particuliers. Mais les réglementations ont surtout pour objet les réquisitions et contributions.

Réquisitions, contributions. —Les réquisitions et contributions ont entre elles un rapport étroit : elles sont des restrictions apportées au principe du respect dû à la propriété privée. Les mots : réquisition, contribution, ont souvent été employés l'un pour l'autre ; cependant il

(1) Tribunal correctionnel des Andelys, jug. du 6 mai 1871.

y a lieu de les distinguer, et de réserver l'expression : contribution, aux prestations en argent ; et l'expression : réquisition, aux prestations en nature. C'est d'ailleurs ce qui a été admis à la Haye.

A. *Réquisitions.* — On peut réquisitionner ou des choses, ou des services ; et dans les deux cas, la contrainte est exercée sur l'habitant pour l'obliger à fournir ce dont l'armée a besoin. Les réquisitions de services peuvent avoir pour objet des travaux, le transport des personnes ou des choses..... ; mais jamais elles ne doivent forcer l'habitant à prendre part à la lutte contre sa patrie.

La question des réquisitions de services a déjà été traitée à propos des pouvoirs de l'occupant sur les personnes ; reste à examiner les réquisitions en nature.

Ces dernières peuvent imposer, soit un abandon de jouissance comme les réquisitions de locaux pour le logement de la troupe, ou celles de moyens de transport ; soit, le plus souvent, un abandon de propriété. On a prétendu qu'elles étaient l'organisation du pillage. Sans doute, il y aura des abus ; on ne saurait cependant assimiler les réquisitions au pillage ; elles lui sont préférables tout comme l'ordre est préférable au désordre. Ne considérer dans ce droit de requérir qu'une application du droit de la force, n'expliquerait pas les limites imposées à cette force. Mais il faut vivre, c'est une nécessité ; cette nécessité crée un droit qu'il est sage de reconnaître, afin d'en réglementer l'exercice. C'est pourquoi ce droit de réquisition en territoire ennemi, est admis aujourd'hui par tous les auteurs et l'article 52 du règlement de la Haye en fixe, autant qu'il se peut, les règles d'application. « Des réquisitions en « nature et des services ne pourront être réclamés des « communes ou des habitants, que pour les besoins de « l'armée d'occupation. Ils seront en rapport avec les res- « sources du pays et de telle nature qu'ils n'impliquent « pas pour les populations de prendre part aux opérations « de la guerre contre leur patrie.

« Ces réquisitions et ces services ne seront réclamés « qu'avec l'autorisation du commandant dans la localité « occupée.

« Les prestations en nature seront, autant que possible, « payées comptant ; sinon, elles seront constatées par des « reçus, et le paiement des sommes dues en sera effectué « le plus tôt possible. » art. 52.

Les réquisitions sont donc autorisées comme une nécessité de force majeure. Par suite, elles ne doivent poursuivre que la satisfaction des besoins de l'armée ; elles ne doivent pas être pour celle-ci une cause d'enrichissement ; elles doivent être en rapport avec les ressources du pays.

« Les contributions impliquent toujours une atteinte au « respect de la propriété privée. Aussi n'y doit-on recourir « qu'en cas de nécessité, et lorsque les besoins de l'armée « l'exigent impérieusement. Alors même, l'occupant est « tenu par les lois de la guerre et de l'humanité de ne pas « excéder une juste mesure. Il commettrait un excès con- « damnable s'il exigeait des prestations hors de proportion avec les ressources disponibles du pays. D'autre

« part, il doit se borner, même dans les plus riches con- « trées, aux prestations nécessaires pour assurer à ses « hommes le régime et les fournitures dont ils ont réelle- « ment besoin, et ne jamais y voir une source de super- « flu (1). » Malheureusement le soin de déterminer ce qui est nécessaire, est laissé à l'occupant qui souvent sera tenté d'y comprendre des objets de luxe. Ainsi en 1870, les réquisitions comprenaient généralement des cigares pour les soldats, des vins fins et notamment du Champagne pour les officiers. Sans doute, le règlement ne pouvait entrer dans les règles de détail ; mais il eût été désirable qu'il indiquât explicitement comme critérium d'appréciation pour l'étendue des besoins, un besoin réel et urgent, pour lequel, en territoire national, une réquisition serait autorisée ; car il sera toujours dangereux de s'en remettre à l'appréciation des exécutants (2). On eût obtenu ce résultat, en décidant que le belligérant suivrait les mêmes règles pour l'exécution des réquisitions en territoire ennemi et en territoire national. Mais à ce système la Conférence de Bruxelles, et après elle les Conférences de la Haye, préférèrent celui, beaucoup plus élastique, qui s'en tenait aux besoins de l'armée d'occupation. Cette décision est regrettable, car le premier de ces systèmes n'avait

(1) *Manuel français*, p. 124, 125.

(2) Conf. Charles Pont, loc. citée, p. 52 et suiv. Lieutenant Brenet, loc. citée, p. 63 et suiv. A. Mérignhac, loc. citée, p. 174 et suivantes.

que des avantages. En effet, la plupart des Etats ont promulgué des lois sur les matières des réquisitions effectuées sur leur propre territoire (1). La règle est alors précise, elle est connue de l'armée d'invasion, enfin elle limite son application à la satisfaction des besoins réels (2). « Etendre à l'ennemi ce que l'on a résolu et décidé pour soi-« même, c'est montrer que, dans un cas comme dans l'au-« tre, on est résolu à réduire ses prétentions au minimum « indispensable que l'on a pris soin de déterminer, c'est « faire preuve dans l'exercice de ce droit d'un esprit de « justice et d'humanité indiscutable. Si vraiment toute « réquisition est fondée sur un besoin urgent, il est impos-« sible d'apercevoir une raison de faire varier suivant les « circonstances la satisfaction à donner à ce besoin, et ce « qui cause la répugnance que beaucoup éprouvent à « adopter notre formule, ce n'est rien autre que cette idée « traditionnelle que la propriété du citoyen n'a pas droit « au respect de la part de l'ennemi de sa patrie. Cette idée « est condamnée, elle n'est plus digne de notre époque, et « cependant elle pousse encore des rejetons. Du jour où « elle aura été extirpée, personne ne soutiendra plus que « le droit de réquisition puisse avoir en territoire ennemi « une étendue plus grande que celle qu'il possède en ter-

(1) En France la loi du 3 juillet 1877.

(2) Naturellement elle ne devrait pas exiger des habitants du territoire envahi, des faits de participation à la guerre. Elle devrait même l'interdire explicitement pour empêcher tout acte contraire dû à l'ignorance ou à la mauvaise foi.

« ritoire national (1) ». La loi de l'occupant avait été proposée à Bruxelles par le colonel fédéral Hammer. « L'occupant, disait-il, a le droit de réclamer des habitants du « territoire envahi les prestations qu'il pourrait demander « à ses propres populations. » Mais combattue par le délégué danois, M. Vedel, qui refusait de « reconnaître à « l'occupant le droit d'introduire sa propre législation dans « un territoire provisoirement occupé », ainsi qu'il a déjà été dit, elle ne fut pas adoptée. En 1874 également, la Conférence rejeta une proposition tendant à faire adopter la loi du pays occupé ; proposition que ne pouvaient admettre les grandes Puissances, parce qu'alors, le salut de leurs armées, eût dépendu de la volonté de l'adversaire. En effet, « si un petit peuple décrète les réquisitions abo- « lies sur son territoire, il se met par là même, à l'abri des « attaques de ses voisins qui, légalement, ne pourront « plus vivre chez lui (2) ».

Quel caractère véritable attribuer aux réquisitions en nature, confiscation, expropriation ? Heffter concède à l'envahisseur la faculté « de requérir des prestations en nature ou personnelles, et s'il rencontre de la résistance, ajoute-t-il, il emploiera la force et se mettra en possession « des objets requis, sauf l'indemnité à fixer par voie de « compensation ou autrement lors de la conclusion de la « paix (3) ». Les instructions américaines reconnaissent

(1) Pillet. *Le Droit de la guerre*, p. 61.
(2) Lieutenant Brenet, loc. citée, p. 64.
(3) *Droit international*, traduction de Bergson, parag. 131.

ce droit à l'indemnité (1), de même Bluntschli. « L'Etat « qui a ordonné la réquisition, dit celui-ci dans sa règle « 653, est tenu d'indemniser les particuliers et doit remet- « tre aux propriétaires respectifs un récépissé des objets « pris et reçus. » Puis il ajoute : « En cas de nécessité « pressante, on est autorisé à s'emparer violemment des « objets indispensables à l'armée, lorsque les particuliers « ne veulent pas les livrer eux-mêmes. Mais il faut dédom- « mager les propriétaires, et d'après les principes du droit « naturel, cette tâche incombe en première ligne à l'Etat « qui saisit les biens et les emploie à son profit (2). » C'est « encore l'avis de M. Rolin Jaequemyns, qui proclame, lui aussi, la nécessité d'une indemnité, reconnaissant à la réquisition le caractère d'une expropriation (3). Ce n'est pas celui du docteur Lœning, pour lequel ces prestations devraient se faire sans rémunération ; l'Etat ennemi, ni l'Etat national n'étant tenus à dédommagement (4).

Cette opinion heureusement n'a pas prévalu ; aujourd'hui on s'accorde à reconnaître que les réquisitions en nature donnent droit à indemnité. Le règlement de 1899 disait qu'elles seraient autant que possible payées au comptant, sinon elles seraient constatées par des reçus.

(1) « Une propriété privée, si elle n'est pas confisquée pour crimes ou « délits commis par le propriétaire, ne peut être saisie que pour les « besoins ou l'utilité de l'armée ou des Etats-Unis. Si le propriétaire « n'est pas en fuite, l'officier commandant lui fera délivrer un reçu qui « puisse lui servir à obtenir une indemnité. »

(2) Droit international codifié.

(3) *Revue de droit international*, 1871, p. 333.

(4) Lœning, loc. cit. livre 4, p. 645.

En 1907, un amendement russe, unanimement approuvé, ajouta que les sommes dues seraient payées le plus tôt possible.

B. *Contributions.* — « Les contributions de guerre con« sistent essentiellement en des impositions pécuniaires « exigées des habitants du pays occupé (1) ». On les a justifiées diversement. On a dit qu'elles constituaient pour l'envahisseur une avance sur les frais de la guerre. Ce raisonnement ne saurait être admis, parce qu'on ne connaît pas encore qui sera vainqueur. Au reste, « si procès « il y a, il surgit entre les Etats qui seuls doivent en sup« porter les charges tandis que les particuliers en sont « exonérés, du moins directement (1) ». C'est donc l'Etat vaincu lui-même, et pas uniquement le territoire envahi, qui doit indemniser l'Etat vainqueur. On ne saurait plus les considérer comme le rachat du pillage, parce qu'aujourd'hui, le pillage étant condamné, les contributions le seraient également. Cependant Heffter accorde à l'ennemi vainqueur, le droit « d'exiger des contributions, « de requérir des prestations en nature ou personnelles. « Au besoin, s'il rencontre de la résistance il emploiera « la force et se mettra en possession des objets requis, sauf « l'indemnité à fixer par voie de compensation ou autre« ment lors de la conclusion de la paix (2). » Mais Blunts-

(1) Frantz Despagnet, loc. citée, p. 923 ; conf. A. Mérignhac, loc. citée, p. 272 et s. ; Bluntschli. *Le Droit international codifié* ; Ch. Pont, loc. citée, p. 91 et suiv.

(1) Heffter. *Droit international*, traduction Bergson, parag. 131.

chli décide à l'article 654 de son Droit international codifié : « Les lois de la guerre n'autorisent pas en particulier « les réquisitions purement pécuniaires. » Commentant cet article : « Les villes et les communes rurales, dit-il, « payaient souvent jadis des contributions en argent pour « éviter le pillage. La guerre s'est civilisée aujourd'hui, « on n'a plus le droit de piller et encore moins le droit de « détruire sans nécessité ; il ne peut donc plus être question de racheter ce prétendu droit. L'ennemi ne peut pas « non plus prélever de contributions pour payer ses soldats, remplir ses caisses, ou satisfaire la cupidité des « troupes ou de leurs chefs ; car ces derniers ne peuvent « pas disposer arbitrairement de la fortune de communes « ou de particuliers contre lesquels la guerre n'est pas dirigée. De même que l'ennemi n'a pas le droit de contraindre les habitants à combler les vides de ses cadres, de « même il ne peut exiger d'eux de lui fournir l'argent « nécessaire pour continuer la guerre.

« On n'a pas assez respecté les vrais principes dans « plusieurs guerres récentes, et même dans la dernière guerre d'Allemagne, en 1866, et les Prussiens ont « levé sans motifs suffisants des contributions en argent « dans quelques-unes des villes qu'ils ont occupées.

« L'Europe actuelle n'admet plus cette façon d'agir, « reste des temps barbares ; elle blâme hautement toute « violence inutile et injuste contre les habitants paisibles « du territoire ennemi. »

Les contributions se justifient cependant lorsqu'elles

servent d'équivalent à l'impôt ; et aussi, lorsqu'elles sont perçues en remplacement de prestations en nature (1). Pour ce dernier motif, Bluntschli, après la guerre franco-allemande, modifie son opinion (2). Il autorise les contributions quand elles ont pour but de se substituer aux réquisitions en nature, étant susceptibles de se répartir plus équitablement sur l'ensemble de la population. Il ne les considère comme contraires au droit des gens, que lorsqu'elles sont inspirées par la cupidité du vainqueur et destinées à lui créer une source de profits et revenus. Cette théorie est également celle de M. Rolin-Jaequemyns. « Les contributions en argent ne sont légitimes, dit-il, que « si elles tendent à substituer le paiement d'une certaine « somme à celui des réquisitions ou à garantir le vain- « queur contre le refus de celles-ci, pourvu que ce soit « dans la proportion autorisée par les nécessités de la « lutte, combinées avec les ressources du pays occupé... « Elles sont d'ailleurs conformes non seulement à la doc- « trine de la généralité des auteurs, mais à l'intérêt des « populations sur qui les contributions en argent ont « chance de se répartir d'une manière plus équitable que « les contributions en nature (3) ». Ainsi les réquisitions

(1) Mais on ne saurait admettre les contributions imposées à des collectivités à titre de pénalité pour des faits isolés. De telles contributions sont, du reste, contraires à l'article 50 du règlement. Comparez p. 173 et s. ci-dessus.

(2) *Considérations sur la guerre franco-allemande de 1870-71*, article paru dans l'annuaire de législation (*Jahrbuch für Gesetzgebung* de M. de Holtzendorff. Leipzig, 1871.

(3) *Revue de droit international*, 1871, p. 334. Voir aussi Ch. Pont. *Les*

pécuniaires remplaceraient les réquisitions en nature ; alors elles aussi, elles trouveraient leur justification dans la nécessité de satisfaire aux besoins de l'armée envahissante. « En premier lieu, les contributions en argent ne « doivent pas être imposées sans nécessité absolue, et « lorsque les besoins des troupes l'exigent impérieuse- « ment (1). » Cette substitution, qui tend à se généraliser, offre suffisamment d'avantages pour être recommandée dans les Intendances des différents pays. L'occupant achète les choses qui lui sont nécessaires avec l'argent provenant des contributions ; payant, il se les procure plus aisément et de meilleure qualité. Avec les réquisitions ordinaires, en effet, les produits se cachent, tandis qu'ils seraient peut-être offerts abondamment contre paiement (2) ; de plus, l'habitant ne livre que ses moins bon-

réquisitions militaires du temps de guerre, p. 95 et suiv. ; BRENET, loc. citée, p. 82 et suiv. ; CRÉTIN. *Conférences sur l'administration militaire*, p. 348 ; A. MÉRIGNHAC, loc. citée, p. 283 et suiv. ; PILLET. *Lois actuelles de la guerre*, p. 483.

(1) *Manuel français*, p. 128.

(2) « Où il semble qu'il n'y a plus rien, où même l'emploi de la vio- « lence ne produit plus aucun effet, on trouvera encore des vivres pour « de l'argent. Quand, à la fin du mois de Novembre 1870, l'intendance de « la IIe armée organisa des marchés dans la Beauce, au nord d'Orléans, où « depuis le commencement d'Octobre il y avait eu un mouvement conti- « nuel de troupes, où les réquisitions ne donnaient plus rien, les hauts « prix offerts provoquèrent l'envie de vendre. On vit soudain que ce « n'étaient pas les provisions qui manquaient, mais les sacs pour les y « mettre. C'est dans des rideaux cousus ensemble, des housses de meubles, « des draps de lit, dans des caisses et des paniers, que les paysans appor- « taient l'avoine dont l'armée avait besoin, et finalement l'offre fut si forte « qu'il en résulta une baisse de prix. » VON DER GOLTZ. *La nation armée*, page 437, traduction JAEGLÉ, 2e édition.

nes marchandises. Avec la contribution, il y a économie de temps et froissement moindre. En outre, la charge est répartie plus équitablement. « Une armée arrive dans une « ville riche et demande un certain nombre de bœufs pour « sa nourriture, disait le général de Voigts-Rhetz à la « Conférence de Bruxelles. La ville répond qu'elle n'en a « pas. L'armée serait donc obligée de s'adresser à des vil- « lages souvent pauvres, où elle prendrait ce qu'il lui « faut. Ce serait une injustice flagrante. Le pauvre paie- « rait pour le riche. Il n'y a donc pas d'autres expédients « que d'admettre l'équivalent en argent. C'est du reste le « mode que les habitants préfèrent. D'ailleurs, il n'est pas « admissible qu'une ville qui ne peut pas payer en nature « soit dispensée de payer en argent..... Une armée arrive « dans la nuit pour partir le lendemain. Elle doit être « nourrie ; la ville ne peut pas le faire ; l'occupant, avec « l'argent qu'il perçoit en hâte, ira dans les campagnes « environnantes prendre ce qu'il faut et payera au moyen « des sommes fournies par la ville..... Voilà la marche « régulière ; pas un officier n'en voudrait suivre une autre « et s'exposer à être jugé pour avoir laissé manquer l'ar- « mée des choses indispensables. » Remarquons cependant dès maintenant, que les réquisitions en nature n'excluent pas la répartition équitable ; car rien n'empêche les municipalités requises de se procurer les objets nécessaires contre paiement assuré, au moyen d'une taxe prélevée proportionnellement aux facultés de chacun (1).

(1) Ceci suppose, ce qui doit être sauf empêchement absolu, que l'ordre de réquisition est adressé à l'autorité locale.

Les contributions ont aussi leurs inconvénients. Autoriser les réquisitions en argent, ne serait-ce pas laisser libre cours à la cupidité du vainqueur, lui offrir le moyen de remplir ses caisses ? Ne serait-ce pas lui permettre de faire payer à l'habitant les frais de la guerre, car il est toujours possible d'exagérer les sommes nécessaires pour subvenir aux besoins de l'armée occupant le territoire ? Au reste, rien ne garantit le respect, sinon par le chef ayant levé la contribution, du moins par un autre, des objets ainsi rachetés. Et s'il est vrai, que le motif des réquisitions en nature soit la nécessité de pourvoir aux besoins pressants des troupes, dans l'impossibilité d'y arriver autrement, comment justifier alors les contributions ? L'argent n'est qu'un intermédiaire pour se procurer les objets et les services nécessaires, que les réquisitions en nature permettent de saisir directement ; alors pourquoi ne pas recourir à ces dernières ? C'est que probablement les contributions ne sont qu'un prétexte aux exactions et aux vols ; les conserver, c'est revenir au principe « la guerre doit nourrir la guerre. » « Non seulement « les réquisitions faites par leurs chefs, dit Calvo en par- « lant de l'armée allemande en 1870, ont été, dans plus « d'un cas, exorbitantes, et ne se sont pas toujours bornées « aux nécessités de l'entretien ; mais encore presque tou- « tes les villes occupées ont eu à payer, dans de très courts « délais, des contributions en argent, excédant de beau- « coup les ressources du trésor municipal qui, pour y « satisfaire, a dû recourir à des emprunts forcés ou à des

« appels aux habitants. Bien plus, ces contributions n'ont « servi à exempter les villes d'aucune des charges de « guerre, car elles n'en ont pas moins été astreintes au « logement des officiers et des soldats chez les particuliers, « à des livraisons régulières de vivres, de vêtements, de « munitions, etc..... D'un rapport officiel du ministre de « l'intérieur de France rédigé d'après les documents re- « cueillis par des commissions cantonales nommées ad hoc « et soumis à l'Assemblée nationale, il appert que dans « les trente-quatre départements qui ont été envahis, les « contributions de guerre se sont élevées à trente-neuf « millions de francs, les impôts perçus par l'autorité alle- « mande à quarante-neuf millions et les réquisitions à « trois cent vingt-sept millions : ce qui forme un total de « quatre cent quinze millions.

« L'armistice signé à Versailles le 28 janvier 1871 ne « mit pas fin aux contributions de guerre. Aux termes « mêmes de cet armistice, la ville de Paris fut contrainte « dé payer une contribution municipale de deux cents « millions de francs dont le versement devait être effectué « dans les quinze jours suivants.

« Les comptes du gouvernement français établissent « que six millions cinq cent trente mille deux cent cin- « quante quatre francs (6.530.254) furent prélevés par les « Allemands dans les jours qui suivirent la ratification des « préliminaires de paix.

« Les contributions de guerre se poursuivirent jusqu'au « 2 mars dans les départements : ceux de Seine-et-Oise

« et de l'Oise, entre autres, furent frappés d'une contribu-« tion de dix millions de francs chacun ».

Ainsi les contributions de guerre sont dangereuses par les abus qu'elles peuvent entraîner. Ce n'est cependant pas une raison pour les condamner systématiquement, car il sera parfois nécessaire d'y recourir. Ce qu'il faut proscrire, ce sont les exactions dont elles pourraient être le prétexte, leur emploi dans un but d'enrichissement ou pour affaiblir l'ennemi. Admises en remplacement des réquisitions en nature, comme ces dernières, elles ne sont justifiées que par la nécessité de faire vivre la troupe occupant le territoire sur lequel elles sont prélevées. Dans chaque cas particulier, les circonstances permettront de décider s'il y a lieu ou non d'y recourir ; mais quand ce sera possible, on devra leur préférer les réquisitions en nature qui se prêtent plus difficilement aux abus. Quant aux contributions dont le seul but serait d'exercer une pression morale, il semble difficile de les admettre dans le droit des gens. Pourtant le docteur Lœning affirme conforme à ce dernier « les impôts de guerre extraordinaires » levés par l'ennemi dans le territoire occupé pour for-« cer l'adversaire à conclure la paix. Ces contributions, « dit-il, se présentent comme un moyen de faire plier un « adversaire opiniâtre. Telle est la contribution de guerre « extraordinaire de vingt-cinq francs par tête qui a été « imposée en décembre 1870, dans les départements occu-« pés..... Il est vrai qu'officiellement on a encore motivé « cet impôt sur ce qu'il devait couvrir les frais de l'entretien

« effectif des troupes ; mais il n'est pas douteux qu'en pre-« mière ligne, il n'ait eu pour but de pousser les habitants « à désirer la paix et de réagir contre la politique de « Gambetta, qui consistait à continuer la lutte jusqu'à « l'extrémité. En augmentant ainsi les charges de la « guerre, on voulait, dans les futures élections pour l'As-« semblée nationale qui aurait à décider de la conclusion « de la paix, porter la population à choisir des adversaires « du parti de la guerre à outrance et à renverser « la dictature de Gambetta. Le moyen était extraordinaire, « mais la situation ne l'était pas moins..... Prise en soi, la « contribution ainsi décrétée ne saurait être considérée « comme contraire au droit des gens » (1). N'en déplaise au docteur Lœning, pour ceux que n'aveugle pas le chauvinisme, une telle contribution est l'affirmation que le vaincu est taillable et corvéable à merci. Cette théorie conduirait aux pires excès, parce qu'il n'est pas de moyens plus efficaces pour faire désirer la paix que le pillage, le meurtre et l'incendie ; de plus elle serait dangereuse à l'occupant lui-même, par la haine et le désespoir qu'elle pourrait surexciter chez l'habitant (2).

En 1899, les petits États s'efforcèrent d'entraver la reconnaissance officielle du droit de lever des contributions pécuniaires en territoire occupé (3). La Suisse insista

(1) L'administration du gouvernement général de l'Alsace durant la guerre de 1870-71. *Revue du droit international*, 1873, p. 107-108.

(2) Conf. H. Houssaye, 1814, p. 55 et s., p. 403 et s. ;

(3) G. de Lapradelle. *La conférence de la paix*, p. 92 et suiv.,

pour que de nouveaux impôts en vue des besoins de l'armée et de l'administration ne puissent être levés « à moins « de nécessité absolue », encore devait-on délivrer un reçu donnant, à la paix, droit au remboursement de la somme versée. Ainsi ces contributions revêtaient le caractère de véritables réquisitions, et n'étaient qu'une avance de fonds faite à l'occupant. C'était rompre avec le passé. Les grandes Puissances refusèrent d'entrer dans cette voie. Au besoin, elles auraient accepté le remboursement, mais à la charge de l'État occupé, non à la charge de l'occupant ; la question rentrait alors dans le droit interne. Un comité de rédaction fut constitué ; il rejeta d'abord la restriction basée sur « l'absolue nécessité », puis l'obligation même du paiement. Les contributions pécuniaires ne donnent donc pas droit au remboursement (1).

Les articles 49 et 51 du règlement déterminent les conditions de fond et de forme des réquisitions en espèces. « Si « en dehors des impôts visés à l'article précédent, l'occu- « pant prélève d'autres contributions en argent dans le ter- « ritoire occupé, ce ne pourra être que pour les besoins de « l'armée ou de l'administration de ce territoire » art. 49.

« Aucune contribution ne sera perçue qu'en vertu d'un « ordre écrit et sous la responsabilité d'un général en « chef.

« Il ne sera procédé autant que possible, à cette percep-

(1) Ce qui déterminera souvent les belligérants à leur donner la préférence sur les réquisitions en nature, qui, elles, devront être payées le plus tôt possible.

« tion que d'après les règles de l'assiette et de la réparti-
« tion des impôts en vigueur.

« Pour toute contribution, un reçu sera délivré aux « contribuables » art. 51.

L'ordre écrit du général en chef exigé pour la perception des contributions en argent est une condition particulière à ce mode de réquisition. « C'est une garantie nou-
« velle que le droit moderne assure au pays envahi. Les
« contributions en argent pèsent sur les habitants d'un
« poids plus lourd que les contributions en nature, et sont
« plus rarement destinées à des besoins urgents ; la ten-
« tation d'en exagérer le chiffre, d'en affirmer la néces-
« sité, ou d'en appliquer le produit à d'autres destinations,
« est aussi plus forte : on a jugé qu'il était prudent de
« réserver à l'autorité la plus élevée le soin et le pouvoir
« d'en apprécier l'opportunité et d'en modérer l'exercice
« dans de justes limites » (1).

§ VI. — Pouvoirs de l'occupant sur la propriété de l'État.

Le principe : la guerre est un rapport d'État à État, s'il protège la propriété privée, ne saurait protéger celle des États belligérants. Toutefois l'ancien caractère de « res-nullius », attribué aux biens de l'ennemi, n'est plus admis de nos jours ; actuellement nul n'oserait prétendre que la propriété de l'État vaincu est acquise au vainqueur du seul fait de l'occupation. L'antique occupatio bellica

(1) *Manuel français*, p. 129-130.

est écartée comme moyen d'acquisition, et seul le traité de paix, véritable contrat, peut transférer la propriété. Ainsi la guerre n'est plus une source de richesses ; le butin n'est plus l'appât du soldat, l'excitant des passions guerrières.

I. **Biens meubles.**

Le but même de la guerre impose une exception à la règle générale du respect de la propriété. En effet, il faut vaincre la résistance de l'adversaire ; alors chaque belligérant dirige ses efforts contre les moyens de résistance de l'autre belligérant. Et pour cela, il lui faut souvent détruire la propriété, privée ou non ; il lui faut, quand il est possible, confisquer certains objets destinés à la guerre, et les utiliser au mieux de ses intérêts. Déjà l'article 4 l'autorise à confisquer les armes, les chevaux et les papiers militaires des prisonniers ; l'article 53 lui reconnaît, en outre, le droit de saisir : « le numéraire, les fonds « et les valeurs exigibles appartenant en propre à l'État, « les dépôts d'armes, moyens de transport, magasins et « approvisionnements et, en général, toute propriété « mobilière de l'État de nature à servir aux opérations de « la guerre ».

Le numéraire dont il est ici parlé, désigne les sommes qui se trouvent dans les caisses de l'armée ennemie, ou, en cas d'invasion subite, celles qui se trouvent dans les caisses publiques, à condition toutefois qu'elles appartiennent réellement à l'Etat. Car les capitaux que les particuliers, les communes ou les sociétés de bienfaisance pourraient y avoir déposés, doivent être respectés conformément à l'article 46 du règlement : « La propriété privée ne « peut pas être confisquée. » Toutefois, l'occupant pourrait les séquestrer afin d'empêcher qu'ils ne soient prêtés pour servir à un but hostile. En 1870, l'Allemagne fit une application de ce principe que les fonds de l'Etat seuls, peuvent être confisqués. Croyant que notre Banque de France était une banque d'Etat, ils voulurent s'approprier les sommes existant dans les succursales de cette banque, à Strasbourg et à Reims. Mais ils abandonnèrent cette prétention, dès qu'il leur fut prouvé que la Banque de France était une compagnie privée, sous forme de Société anonyme.

Les valeurs mentionnées dans l'énumération de l'article 53 sont les créances exigibles appartenant à l'Etat envahi. L'envahisseur a donc le droit d'en toucher le montant(1). Remarquons qu'à ce sujet, un certain nombre d'auteurs soutenaient, et quelques-uns soutiennent encore l'avis contraire (2). L'occupant, écrit M. Frantz Des- « pagnet, ne peut avoir qu'un droit de jouissance mo- « mentanée sur les biens de l'Etat occupé ; c'est ainsi qu'il « perçoit les impôts qui sont un revenu de la puissance « publique, tandis que la perception d'une créance cons- « titue une absorption du capital et un acte de disposition.

(1) Quant aux autres créances, il n'a sur elles que les droits du gouvernement légal ; et comme celui-ci, il est tenu d'en respecter le terme.

(2) Comparez. A. Mérignhac. Loc. citée et les auteurs qu'il cite à la page 313, note 1.

« Il atteint d'ailleurs suffisamment son but, qui est de « priver l'ennemi de ses ressources, en l'empêchant de « toucher sa créance dans le cours des hostilités (3)» Répondons que ces raisons ne sont pas spéciales aux créances exigibles, mais s'appliquent à tous les biens, objets de l'exception de l'article 53, et particulièrement à l'argent que M. Frantz Despagnet reconnaît cependant pouvoir être confisqué par l'occupant.

Ce droit d'exiger le paiement des créances échues, a naturellement pour conséquence, la libération du débiteur qui a été contraint de l'effectuer entre les mains de l'envahisseur.

L'article 53 étant une exception, seuls les biens qu'il énumère peuvent être confisqués ; et par suite, la propriété des autres biens meubles de l'Etat doit être respectée. En ce sens l'article 56 du réglement décide : « les « biens des communes, ceux des établissements consacrés « aux cultes, à la charité et à l'instruction, aux arts et aux « sciences, même appartenant à l'Etat, seront traités com- « me la propriété privée.

« Toute saisie, destruction ou dégradation inten- « tionnelle de semblables établissements, de monuments « historiques, d'œuvres d'art et de science, est interdite « et doit être poursuivie ».

Certes, cette idée est moderne ; aussi à la fin du XVIIIe siècle et au commencement du XIXe siècle, il y eut de

(3) Frantz Despagnet, loc. citée p. 939.

nombreuses saisies d'œuvres d'art. Et Napoléon Ier, dans le but de faire de Paris le centre intellectuel du monde, s'efforça d'en rassembler le plus grand nombre possible. Souvent, il est vrai, ces œuvres furent cédées à la France à titre d'indemnité par une clause d'un traité de paix ; mais il y eut aussi parfois, exercice du droit brutal de la force. En 1814, quand la coalition triompha, il n'y eut aucune disposition à leur égard. Aussi le 4 juin, dans un discours qu'il prononça à la chambre des députés, Louis XVIII put dire que les œuvres d'art acquises pendant les guerres de l'Empire, appartenaient à la France, par un droit plus stable que celui résultant du droit de la guerre. Après les Cent-Jours, il fut reconnu que nous devions subir la reprise de la plupart des objets d'art apportés à Paris, sans distinction entre ceux qui avaient été pris de force et ceux qui avaient été cédés en vertu d'une convention (1). Et devant le refus de Louis XVIII de les restituer, les alliés les firent enlever de force, commettant ainsi une spoliation, puisque un grand nombre de ces œuvres et des plus remarquables étaient devenues la propriété de la France, en vertu de traités « qu'on ne saurait « qualifier d'injustes et de spoliateurs sans infirmer au « même titre tous ceux des autres nations qui renferment « des stipulations semblables (2) ». Aussi le 10 février 1816, à la Chambre des communes, sir Samuel Romilly réprouva leur conduite, faisant remarquer l'étrangeté de

(1) Suspension d'armes signée à Saint-Cloud le 3 juillet 1815.

(2) Discours de sir Samuel Romilly.

cet acte de justice, qui restituait aux Vénitiens les chevaux de Corinthe, alors qu'on ne leur rendait ni leur territoire, ni leur indépendance. « Et l'Autriche, disait-il, « tout en adressant ainsi d'une manière hypocrite cette le« çon morale aux nations, non seulement gardait tran« quillement les riches et injustes dépouilles qu'elle avait « eues, mais restituait ces splendides ouvrages de l'art, « non pas à Venise qui en avait été dépouillée, à Venise « antique, indépendante, républicaine, mais à Venise « autrichienne, qu'au mépris de tous les principes qui soi« disant la faisaient agir, elle retenait encore comme partie « de ses domaines (1) ».

Depuis, les idées se sont heureusement modifiées. Dans beaucoup de guerres du XIXe siècle et particulièrement dans la guerre franco-allemande, la propriété des œuvres d'art fut respectée. Cependant, il y eut des exceptions. En 1900, dans la campagne de Chine, on enleva un certain nombre d'objets d'art dont une partie revint à la France ; mais que celle-ci renvoya sous la pression de l'opinion publique.

Quant aux objets susceptibles d'être confisqués conformément aux dispositions de l'article 53 ; du fait que la guerre est une relation d'Etat à Etat, découle cette conséquence qu'ils appartiennent à l'Etat du capteur et non à celui-ci. Cet Etat peut en disposer comme bon lui semble ;

(2) Discours de Sir Samuel Romilly, dans Wheaton. *Eléments de Droit international*. 2e Vol. p. 17 et suiv.

il peut les attribuer à qui lui plaît ; et s'il le juge bon, il peut accorder aux troupes qui ont coopéré à ces saisies une gratification sous forme de part de prise. C'était cette dernière solution qu'adoptait l'article 109 de notre réglement sur le service des armées en campagne. « Les prises « faites par les détachements leur appartiennent quand il « est reconnu qu'elles ne se composent que d'objets enle« vés à l'ennemi ». Venaient ensuite les règles que l'on devait suivre pour le partage. Lors de l'expédition de Chine de 1900, l'opinion publique ne sut pas distinguer les prises régulières du butin proprement dit, provenant des biens des particuliers ; elle s'éleva contre les répartitions faites aux troupes en vertu de l'article 109, qui fut d'ailleurs abrogé par un décret en date du 26 juin 1901.

§ II. — BIENS IMMEUBLES

L'occupant a sur les biens immeubles de l'Etat occupé un pouvoir considérable. Il peut s'en servir au mieux de ses besoins, même en leur donnant une destination toute différente de celle qui leur était assignée. Il peut les détruire quand il a un réel intérêt à le faire, même si les conséquences de ces destructions doivent subsister après la cessation des hostilités, même quand les neutres doivent en souffrir. Ainsi la destruction d'un pont, d'un tunnel servant aux transactions internationales gênera

(1) G. DE LAPRADELLE, loc. citée p. 94.

peut-être et pendant longtemps de nombreuses Puissances ; cependant le belligérant est autorisé à les détruire quand les nécessités de la guerre le lui commandent. Les destructions fictives, proposées par M. Pillet, outre qu'elles exigent un engagement de toujours les respecter loyament, engagement que les belligérants refuseront toujours de prendre, ne sauraient arrêter les chefs responsables. L'adversaire agira prudemment en ne les employant pas et en détruisant effectivement l'ouvrage dont il veut interdire l'usage (1). Mais, hors le cas de nécessité qui justifie toutes les mesures prises contre la propriété, « l'Etat occupant ne se considèrera que comme administrateur et usufruitier des édifices publics, immeubles, forêts et exploitations agricoles appartenant à « l'Etat ennemi et se trouvant dans le pays occupé. Il « devra sauvegarder le fonds de ces propriétés et les administrer conformément aux règles de l'usufruit. » art 55. Ainsi l'occupant, par rapport aux immeubles de l'Etat envahi, a une situation de fait analogue à la situation de droit qu'aurait sur eux l'usufruitier. Mais les deux situations ne sont pas identiques, car nul ne saurait se prévaloir, l'occupation ayant pris fin, des actes d'administration de l'occupant. Le seul point commun réside dans l'obligation de respecter le fonds. « L'occupation ne transfère « pas à l'envahisseur la propriété des biens immobiliers de « l'Etat ennemi, et ne lui donne pas le droit d'en disposer

(1) A. Mérignhac, loc. cit. p. 301 et s. Pillet, loc. cit. parag. 179.

« définitivement ; elle lui confère seulement le pouvoir « d'en jouir, et lui impose l'obligation corrélative d'en sau- « vegarder le fonds et d'en assurer l'entretien. — Parfois on « définit la situation de l'occupant, en disant qu'il doit être « considéré comme administrateur et usufruitier des im- « meubles de l'Etat ennemi situés sur le territoire occu- « pé. C'est aller trop loin. Si l'occupant était réellement « administrateur et usufruitier, il aurait le droit absolu « de passer, même avec les habitants de la contrée enva- « hie, des contrats, des baux, pour l'exploitation des im- « meubles dont il s'agit ; la validité des arrangements « qu'il aurait ainsi conclus devrait, par suite, être recon- « nue par le gouvernement légal, quand celui-ci repren- « drait le plein exercice de sa souveraineté. Ces consé- « quences démontrent suffisamment que le principe d'où « elles procèdent n'est pas fondé ; car jamais un gouverne- « ment s'y est volontairement soumis. L'occupation est un « état de fait, susceptible de produire des effets immédiats « et des modifications définitives dans les rapports des « choses, mais non des liens de droit qui puissent survivre « à l'occupation même et obliger le gouvernement légal. Ce « dernier est bien forcé, lorsqu'il recouvre l'exercice de « son autorité, de se plier aux conséquences nécessaires « de la force majeure qui s'est exercée sur le territoire oc- « cupé ; mais il ne saurait être tenu de respecter les con- « ventions souscrites, dont les effets ne sont pas encore « produits ou sont réparables. De plus, il est fondé à de- « mander compte de leurs actes à ceux de ses nationaux

« qui, au mépris de leurs devoirs et du patriotisme, « auraient facilité l'occupation, en traitant volontaire- « ment avec l'envahisseur pour l'exploitation des immeu- « bles de l'Etat (1). »

Depuis longtemps du reste, la théorie est fixée sur ce point. Déjà Heffter estimait dans son « droit international « de l'Europe » que le vainqueur ne peut valablement disposer des biens immeubles de l'Etat vaincu tant qu'il n'a pas acquis la possession complète du pouvoir suprême, mais qu'il peut disposer à titre provisoire des fruits et des revenus qu'il a pu saisir (2). Et Bluntschli enseigne que « le vainqueur a le droit de s'emparer provisoirement des « édifices publics et des terres appartenant à l'Etat en- « nemi, de les administrer et d'en percevoir les reve- « nus (3) ». Enfin d'après le docteur Lœning, « l'ennemi « n'est pas souverain du pays occupé. Le pouvoir de l'Etat « ne lui est pas transféré ; il n'est pas le représentant de « l'État, il n'en a ni les droits ni les devoirs. Il ne « peut par conséquent disposer absolument du domaine « public. Il n'est que simple usufruitier du domaine « immobilier. Il ne peut donc vendre.... (4). » Les pouvoirs de l'occupant sur les biens immobiliers de l'Etat ennemi ne laissent donc place à aucun doute. L'Allemagne ne les a pas contestés en 1871. Même elle a donné acte à la

(1) *Manuel de droit international* à l'usage des officiers de l'armée de terre, p. 114 et 115.

(2) Heffter, loc. cit. Parag. 133.

(3) Bluntschli. *Droit international codifié*, règle 646.

(4) Docteur Lœning. *Revue de droit international*, *1872*. d. 633.

France de la déclaration faite par celle-ci, au sujet d'aliénations de coupes de bois dans les forêts de l'Etat, consenties durant la guerre, sur le territoire français, par l'autorité allemande. « A raison des circonstances au milieu desquelles ont été souscrits les contrats passés à ce sujet, y est-il dit, le gouvernement français ne saurait, en ce qui le concerne, reconnaître à ces contrats ni valeur légale, ni force obligatoire, et entend repousser toute responsabilité, pécuniaire ou autre, que les tiers intéressés pourraient, de ce chef, vouloir faire peser sur lui (1) ». Cette déclaration reçut une application à propos de la vente d'arbres de haute futaie que fit, pendant l'occupation, un commissaire civil allemand à des banquiers de Berlin, les sieurs Salmesohn et Sackür. Ceux-ci rétrocédèrent leur marché aux sieurs Mohr et Haas de Mannheim, lesquels le transmirent à un Français, M. Hatzfeld de Nancy. A la paix, ce dernier était encore redevable d'une certaine somme ; mis en demeure d'exécuter les conventions, il répondit : 1° par une exception tirée de la nullité du contrat, attendu qu'il lui avait été vendu une chose qui n'était pas dans le commerce, et sur laquelle les vendeurs n'avaient aucun droit : le fonctionnaire prussien ayant disposé d'une chose qui ne lui appartenait pas ; 2° par une demande reconventionnelle en remboursement de l'acompte payé par lui. Prié d'intervenir, le gouvernement allemand répondit le 8 septembre 1871 que l'affaire

(1) 3e protocole annexé à la convention additionnelle du 11 décembre 1871.

devait être jugée suivant le code civil français et devant les tribunaux français. Plaidée devant ces derniers, elle a été perdue par les spéculateurs allemands (1). Ainsi l'occupant ne peut disposer de la propriété de l'ennemi, si ce n'est contraint par les nécessités militaires. On eût admis les coupes d'arbres pour l'usage des armées allemandes, on ne pouvait admettre des coupes dans un but spéculatif (2).

Sont également contraires au droit actuellement reconnu les destructions par esprit de vengeance, « qui n'effa- « cent pas l'histoire » et sont des actes de vandalisme. En 1815, Wellington empêcha les Prussiens de détruire la colonne Vendôme et le pont d'Iéna ; et l'Empereur François d'Autriche se contenta de faire graver comme pendant au bas-relief de l'arc de triomphe du Simplon, qui représentait ses envoyés demandant la paix à Napoléon, un nouveau bas-relief représentant l'abdication de ce dernier à Fontainebleau.

§ VII. — DES CHEMINS DE FER ET AUTRES MOYENS (3) DE COMMUNICATION EN TEMPS DE GUERRE

La guerre de 1870 avait révélé l'intérêt résultant pour le vainqueur de l'utilisation du matériel de chemins de fer ennemi. Aussi Bluntschli soumet ce matériel au droit de capture. « On a étendu ce principe au matériel de « chemins de fer (locomotives, wagons de voyageurs ou

(1) Arrêt de la Cour de Nancy du 3 août 1872.

(2) Conf. PRADIER-FODÉRÉ. *Traité de Droit international public*, tome 7, p. 944 ; PILLET. *Le droit de la guerre*, 2ᵉ partie, p. 175 en note ; BLUNTSCHLI, loc. citée, art. 650.

(3) Etant donnée l'importance des moyens de communication, nous avons cru devoir leur consacrer un paragraphe distinct.

« de marchandises) quoique ces biens appartiennent sou-« vent à des sociétés libres et non pas à l'Etat. Les che-« mins de fer sont en effet un service éminemment public « et il est de la plus haute importance de pouvoir en dis-« poser pour le transport des troupes, des vivres, etc. Les « belligérants sont donc forcés de considérer les chemins « de fer comme faisant, temporairement du moins, par-« tie du domaine public; les compagnies auront plus « tard à régulariser leur position vis-à-vis de l'Etat au-« quel on aura adjugé le territoire sur lequel s'étend leur « réseau (1) ». La partie immobilière des voies ferrées restant évidemment propriété de l'Etat occupé, les règles du droit international relatives aux immeubles lui seront applicables. L'intérêt de la discussion réside alors exclusivement sur le sort réservé à la partie mobilière de ces voies. Il est hors de doute que les chemins de fer sont d'un puissant secours à la guerre, personne ne conteste donc leur utilisation par l'occupant. Or, les chemins de fer sont propriété de l'Etat ou propriété particulière, mais propriété d'un caractère mixte, pour laquelle les immunités de la propriété privée ne peuvent être rigoureusement observées. Appartenant à l'Etat, l'envahisseur peut s'en servir pour son propre compte ou les mettre à la disposition des habitants, et alors, les revenus lui appartiennent. Mais il ne peut les détruire sauf le cas de nécessité. Les

(1) Bluntschli. *Droit international codifié*, art. 645. — Il est inexact de prétendre que les belligérants sont forcés de considérer les chemins de fer comme faisant temporairement partie du domaine public ; ce qu'il faut dire, c'est qu'ils peuvent être l'objet d'une réquisition.

assimiler au matériel de guerre est une erreur, parce que leur destination est essentiellement pacifique. Sans doute, ils aident momentanément aux opérations militaires ; cela suffit pour en interdire l'usage à l'adversaire, pour les utiliser soi-même ; ce n'est pas suffisant pour les comprendre dans la catégorie des objets destinés à la guerre, devant par conséquent subir les chances de la lutte. Leur appropriation ne doit pas résulter de l'occupation seule, par suite une fois la paix conclue, à moins de convention contraire, ils devront retourner à l Etat légitime propriétaire.

Concédés à des Compagnies, ils sont cependant à la mobilisation, à la disposition de l'Etat pour lequel ils transportent troupes et matériel. L'adversaire peut alors s'en emparer et s'en servir pour ses propres opérations ; mais s'il les exploite au point de vue commercial, il devra rendre compte de sa gestion à la compagnie propriétaire. Conformément à cette solution, une convention additionnelle au traité de Francfort du 10 Mai 1871 (1) stipule qu'une commission serait chargée de liquider l'indemnité due par l'Allemagne aux Compagnies françaises, pour l'exploitation de leurs voies ferrées et la dégradation de leur matériel (2).

(1) Conv. du 11 Déc. 1871.

(2) Conf. A. Mérignhac, loc. cit., p. 314 et s. ; F. Despagnet, loc. cit., p. 933 ; Bluntschli, loc. cit., art. 645 bis ; Pillet, loc. cit., p. 180 ; *Projet de Bruxelles*, art. 6 ; *Manuel d'Oxford*, art. 51 ; Ch. Pont, p. 101 et s. M. de Stein, dans l'*Annuaire du Droit international*, Vol. 8, 1885-1886 p. 203, ainsi que M. Buzzati, dans la *Revue de Droit international et de législation comparée*, t. XX, 1888, cités par Ch. Pont.

En 1899, opposés à la confiscation du matériel de chemin de fer réclamée par les grandes Puissances, les petits Etats demandaient de ne donner à la saisie de ce matériel que le caractère d'un séquestre. L'entente dut se faire sur une rédaction imprécise laissant chacun sur ses positions (1). « Le matériel des chemins de fer, disait l'article « 53 dans son deuxième paragraphe, les télégraphes de « terre, les téléphones, les bateaux à vapeur et autres « navires, en dehors des cas régis par la loi maritime, « de même que les dépôts d'armes et en général toute « espèce de munitions de guerre, même appartenant à des « sociétés ou à des personnes privées, sont également des « moyens de nature à servir aux opérations de la guerre, « mais devront être restitués, et les indemnités seront « réglées à la paix. » Beaucoup plus générale et compréhensive, la rédaction de 1907 s'applique à tous les moyens de transport actuellement utilisés ou que l'avenir pourrait utiliser. « Tous les moyens affectés sur terre, « sur mer et dans les airs à la transmission des nouvelles, « au transport des personnes ou des choses, en dehors des « cas régis par le droit maritime, les dépôts d'armes et, en « général, toute espèce de munitions de guerre, peuvent « être saisis, même s'ils appartiennent à des personnes « privées, mais devront être restitués et les indemnités « seront réglées à la paix. »

Article 53 de 1899, article 53 de 1907 étendaient aux

(1) G. de Lapradelle, loc. cit., p. 93.

postes, télégraphes et téléphones le régime adopté pour les chemins de fer. L'un et l'autre reconnaissaient la similitude existant entre ceux-ci et ceux-là tant au point de vue de leur destination, normalement pacifique, momentanément militaire, qu'au point de vue des services, que dans ce dernier cas, peuvent en attendre les belligérants. Lors de la première conférence de la paix, le Danemark demanda l'application de cet article 53 aux « fils d'atterris-« sage établis dans les limites du territoire maritime de « l'Etat. » C'eût été adopter logiquement une même solution pour les câbles sous-marins et pour les télégraphes et téléphones terrestres. Mais une question préjudicielle s'imposait : quelle limite assigner à la mer territoriale ? Les avis différaient, aussi la Commission supprima le dernier membre de phrase : « dans les limites du territoire mari-« time de l'Etat. » En séance plénière de la Conférence, fidèle à sa tactique, l'Angleterre refusant toute discussion sur les choses maritimes, demanda et obtint le retrait de la proposition danoise. La question des câbles sous-marins resta donc non résolue (1). En 1907, le Danemark présenta une nouvelle disposition additionnelle à l'article 53. « Les « câbles sous-marins reliant un territoire occupé à un ter-« ritoire neutre ne seront détruits ou saisis que dans le cas « de nécessité absolue. Ils devront également être resti-« tués et les indemnités seront réglées à la paix. » L'Angleterre fit d'abord réserver la question, puis déclara n'a-

(1) G. de Lapradelle, loc. citée, p. 94.

voir aucune objection à élever. L'amendement, adopté sans discussion, devint l'article 54 du règlement de 1907.

Paragraphe VIII. — Conclusion

Les conceptions différentes sur les effets de l'occupation étaient trop opposées pour permettre d'adopter l'une plutôt que l'autre. Il fallut s'en tenir à des règles générales susceptibles de les satisfaire toutes ou simplement compatibles avec toutes. De là le caractère de notre section III, transaction entre les grandes et les petites Puissances, ou mieux, entre les aspirations vers l'idéal humanitaire et les réalités de la pratique, puisque tels furent les deux motifs invoqués, derrière lesquels se cachaient trop souvent, il est vrai, des intérêts plus égoïstes. Il y eut des déceptions, l'œuvre parut négligeable à certains parce qu'elle admet les dérogations commandées par les nécessités. L'exception emportera parfois la règle, convenons-en ; mais convenons aussi qu'il eût été imprudent de ne la point admettre. Régenter les mœurs est difficile surtout en matière de droit international ; car rompre brutalement avec le passé, c'est se heurter à tous les intérêts, à toutes les passions qui se rencontrent dans la vie des peuples. Mieux valait en tenir compte, parce qu'il était alors possible de faire admettre cette règle, que seules les nécessités autorisent les dérogations aux droits de la guerre. On faisait ainsi la part de la réalité pour sauvegarder le plus possible les intérêts de l'humanité, tout comme on fait la part du feu pour sauver de l'incendie ce qu'il est possible de sauver. Telle fut la pensée des membres de la Conférence, qui préférèrent une loi imparfaite (1) à une loi mort-née ou à l'absence de loi.

(1) Au point de vue humanitaire.

CONCLUSION

Le droit actuel de la guerre terrestre repose presque exclusivement sur les conventions et déclarations de la Haye, qui ont fixé la grande majorité des règles coutumières admises jusque-là, en s'efforçant de préciser la condition de chacun, de déterminer ce qui peut être fait et ce dont il faut s'abstenir. Il cherche à humaniser la guerre elle-même ; malheureusement il lui faut tenir compte des nécessités, autrement dit des intérêts qui l'auraient méconnu sans cela. La plupart de ses règles sont conditionnelles, et presque toujours le vainqueur est seul juge de la condition ; ce qui permit de douter de l'influence de l'œuvre des Conférences de la paix sur la pratique des guerres futures, d'autant que d'ici longtemps, les passions entraîneront souvent les peuples à violer même ses préceptes les plus fermes. C'était cependant une erreur que d'attendre des Conférences un code rigoureux et rigide, et aussi de croire qu'un accord international suffisait à transformer les mœurs. Laissant ce rêve généreux, elles poursuivirent un but pratique, se contentant des concessions que les intérêts et les passions voulurent bien leur consentir. Certes, les progrès dont bénéficie l'humanité sont alors peu sensibles ; mais il ne dépendait pas des Conférences qu'il en soit autrement. Et il serait injuste d'oublier leur action éducatrice, action entrevue et jugée par les plénipotentiaires. N'ayant aucun moyen coercitif pour se faire respecter, devant compter sur la bonne volonté de celui-là même auquel il crie « halte-là », le droit, en effet, ne pourrait s'imposer au moment voulu, si auparavant, les consciences n'étaient façonnées de telle sorte, qu'elles répugnent à le trangresser. Or, les Conférences tendent à ce résultat en habituant les peuples à discuter les usages de la guerre. Toutefois cette éducation ne peut se faire que lentement, très lentement ; des siècles lui seront sans doute nécessaires, encore est-il douteux que le but soit jamais totalement atteint. Mais à ce jeu, l'égoïsme s'émoussera, orgueilleusement il consentira de légers sacrifices, bribes de projets plus généreux paraissant appartenir alors plus au domaine du rêve qu'à celui de la réalité. C'est donc mal les juger, que juger les Conférences sur leurs résultats actuels. Faisons-leur crédit, elles comptent du reste sur le temps pour mener à bien leur entreprise. Et si minimes que soient les concessions arrachées aux intérêts, accordons qu'elles justifient amplement les efforts qui les ont provoquées ; car, une fois encore, en matière d'humanité, il n'est pas de résultat négligeable. Au reste, que savons-nous de l'avenir ? Qui eût jamais pensé que l'Allemagne, cette patrie d'Arndt, de Körner, ce pays qui fit de Schill un héros, soutiendrait un jour le principe de la restriction fictive du combat ? 1813 l'avait vue soulevée contre l'envahisseur ; alors, elle proclamait que chaque citoyen est tenu de repousser l'ennemi par tous les moyens à sa disposition (1); théorie qu'elle combat de tout son pouvoir à Bruxelles. C'est que l'Allemagne vaincue de 1813, n'était pas l'Allemagne toute puissante de 1874, et qu'avec les intérêts, les principes se modifient. Or, qui oserait prétendre que les intérêts actuels des Puissances seront

(1) Ordonnance prussienne de 1813, relative au landsturm.

Art. 1. — Chaque citoyen est tenu de repousser l'ennemi avec les armes dont il peut disposer, quelles qu'elles soient; de s'opposer à ses ordres et à leur exécution, de quelque nature qu'ils soient, de braver ses défenses et de nuire à ses projets par tous les moyens possibles.

Art. 3. — En cas d'invasion, le landsturm est tenu ou de combattre l'ennemi en bataille, ou d'inquiéter ses derrières et de couper ses communications.

Art. 4. — Le landsturm est levé partout où l'ennemi essaiera de pénétrer sur le territoire allemand.

Art. 5. — Chaque citoyen qui n'est pas en face de l'ennemi ou n'appartient pas à la landwehr doit se considérer comme faisant partie du landsturm, chaque fois que l'occasion s'en présente.

Art. 7. — En cas de convocation du landsturm, le combat est une nécessité, une défense légitime qui autorise et sanctionne tous les moyens. Les plus décisifs sont les meilleurs, car ce sont eux qui servent de la façon la plus efficace une cause juste et sacrée.

Art. 8. — Le landsturm a donc la destination spéciale de couper à l'ennemi ses chemins ou sa retraite, de le tenir sans cesse en éveil, d'intercepter ses munitions, ses approvisionnements, ses courriers, ses revues; d'enlever ses ambulances, d'exécuter des coups de main pendant la nuit, de l'anéantir par troupes ou en détail, de quelque façon que ce soit. L'ennemi s'avance-t-il dans le pays, même à une distance de 50 milles, sa situation sera précaire, si sa ligne d'investissement manque de largeur; s'il ne peut plus envoyer de petits détachements, soit pour fourrager, soit pour faire des reconnaissances, sans savoir par expérience, qu'ils seront anéantis, enfin s'il ne peut avancer que par masses profondes et sur des chemins tout frais.

Art. 13. — Le landsturm n'a ni uniforme, ni signes particuliers, car ces uniformes et ces signes serviraient à le faire reconnaître par l'ennemi et l'exposeraient aux persécutions.

encore demain leurs intérêts ?

L'article 3 de la Convention concernant les lois et coutumes de la guerre sur terre prescrit une sanction pécuniaire, sous forme d'indemnité, contre les Puissances qui violeraient les dispositions du règlement, et rend les gouvernements responsables de tous actes commis par les personnes faisant partie de leurs forces armées. Le plus souvent les violations sont des actes isolés qu'il appartient aux Puissances de punir avec une extrême rigueur. Mais ce n'est pas assez, il faudrait encore prévenir ces actes en instruisant de leurs devoirs les divers éléments entrant dans la constitution des armées; car « les dispositions les « meilleures restent lettre-morte, si on ne prend pas à « l'avance les précautions nécessaires pour instruire ceux « qui auront à les appliquer » (1). Malheureusement en cette matière, nous constatons la plus grande indifférence, et, il nous faut l'avouer, les lois et coutumes de la guerre sont restées dans le domaine des connaissances d'une élite intellectuelle, rien de sérieux n'a été tenté pour les vulgariser.

Le droit écrit n'est ni définitif, ni complet. Tandis que la plupart de ses règles ne sont que des dispositions d'attente, certaines pratiques n'y sont même pas mentionnées, parce qu'elles ont paru incompatibles à toute réglementation comme les représailles, ou parce qu'elles sont

(1) *Rapport de M. Renault sur la Convention du 18 octobre 1907*, concernant l'adaptation à la guerre maritime des principes de la Convention de Genève, actes et documents, 1907, t. III, p. 311.

le résultat d'inventions récentes. Les progrès de l'aviation, par exemple, soulèvent une série de questions relatives aux rapports des belligérants entre eux et aux rapports entre ceux-ci et les neutres. Quant aux représailles, le projet russe de Bruxelles contenait une section IV qui leur était consacrée, mais qui fut supprimée dans la crainte qu'elle ne fut considérée comme une justification de cette forme barbare et hypocrite de la justice, qui substitue la vengeance au châtiment « et frappe les innocents pour se consoler de ne pouvoir atteindre les coupables » (1). Cependant les représailles sont consacrées par la pratique, parce que souvent elles constituent l'unique sanction efficace du droit de la guerre. Or, les représailles appellent les représailles, et cette voie peut conduire à toutes les violences, à toutes les cruautés. Si donc on considère le droit écrit de la guerre comme une limite imposée aux agissements de la force, il eût fallu l'appliquer à tous les actes de cette dernière, et surtout à ceux qui tendent à l'arbitraire. Ne pouvant supprimer les représailles, il eût fallu les réglementer (2).

(1) Valbert, conf., loc. citée, p. 467.

(2) Conf. A. Mérignhac. Loc. citée, page 210 et suiv. Frantz Despagnet. Loc. citée, parag. 513. Funck Brentano et Sorel, p. 294. *Manuel Français*, p. 25 et suiv. *Manuel d'Oxford* dont voici la disposition finale de l'article 85 et l'article 86. « Les représailles sont formellement interdites « dans le cas où le dommage dont on a lieu de se plaindre a été réparé » art. 85 in fine ; « Dans les cas graves où les représailles apparaissent « comme une nécessité impérieuse, leur mode d'exercice et leur étendue « ne doivent jamais dépasser le degré d'infraction commise par l'ennemi « Elles ne peuvent s'exercer qu'avec l'autorisation du commandant en

Ce sera le rôle des Conférences à venir de parfaire l'œuvre commencée, et d'étape en étape, l'humanité arrachant sans cesse aux intérêts des concessions nouvelles, de civiliser en quelque sorte la guerre. Déjà l'acte final de 1907 recommande aux Puissances la réunion d'une troisième Conférence (1). Souhaitons la périodicité de semblables assemblées non seulement parce que sans elle, aucun progrès sérieux ne saurait être obtenu ; mais aussi, parce qu'elle soutiendrait l'attention des Puissances sur les considérations humanitaires, et leur rappellerait qu'elles ont le devoir de faire l'éducation de la troupe et même de la population civile, puisque, du fait de l'invasion, celle-ci se trouvera en contact avec l'armée ennemie.

« chef. — Elle doivent respecter dans tous les cas la loi de l'humanité « et de la morale » art. 86.

(1) « Enfin, la Conférence recommande aux Puissances la réunion d'une « 3e Conférence de la paix qui pourrait avoir lieu dans une période ana- « logue à celle qui s'est écoulée depuis la précédente Conférence, à une « date à fixer d'un commun accord entre les Puissances, et elle appelle « leur attention sur la nécessité de préparer les travaux de cette troi- « sième Conférence assez longtemps à l'avance pour que ses délibérations « se poursuivent avec l'autorité et la rapidité indispensable ». Acte final de la Convention de 1907.

Vu : Le Président,
RENAULT.

Vu : Le Doyen.
P. CAUWÈS.

Vu et permis d'imprimer
Le Vice-Recteur de l'Académie de Paris,
LIARD.

TABLE DES MATIÈRES

Pages

LIVRE I

Convention relative à l'ouverture des hostilités

LIVRE II

Convention concernant les lois et coutumes de la guerre sur terre

SECTION I

Des belligérants

SECTION II

Des hostilités

SECTION III

Imprimerie Baugeoise. - Baugé (Maine-et-Loire)

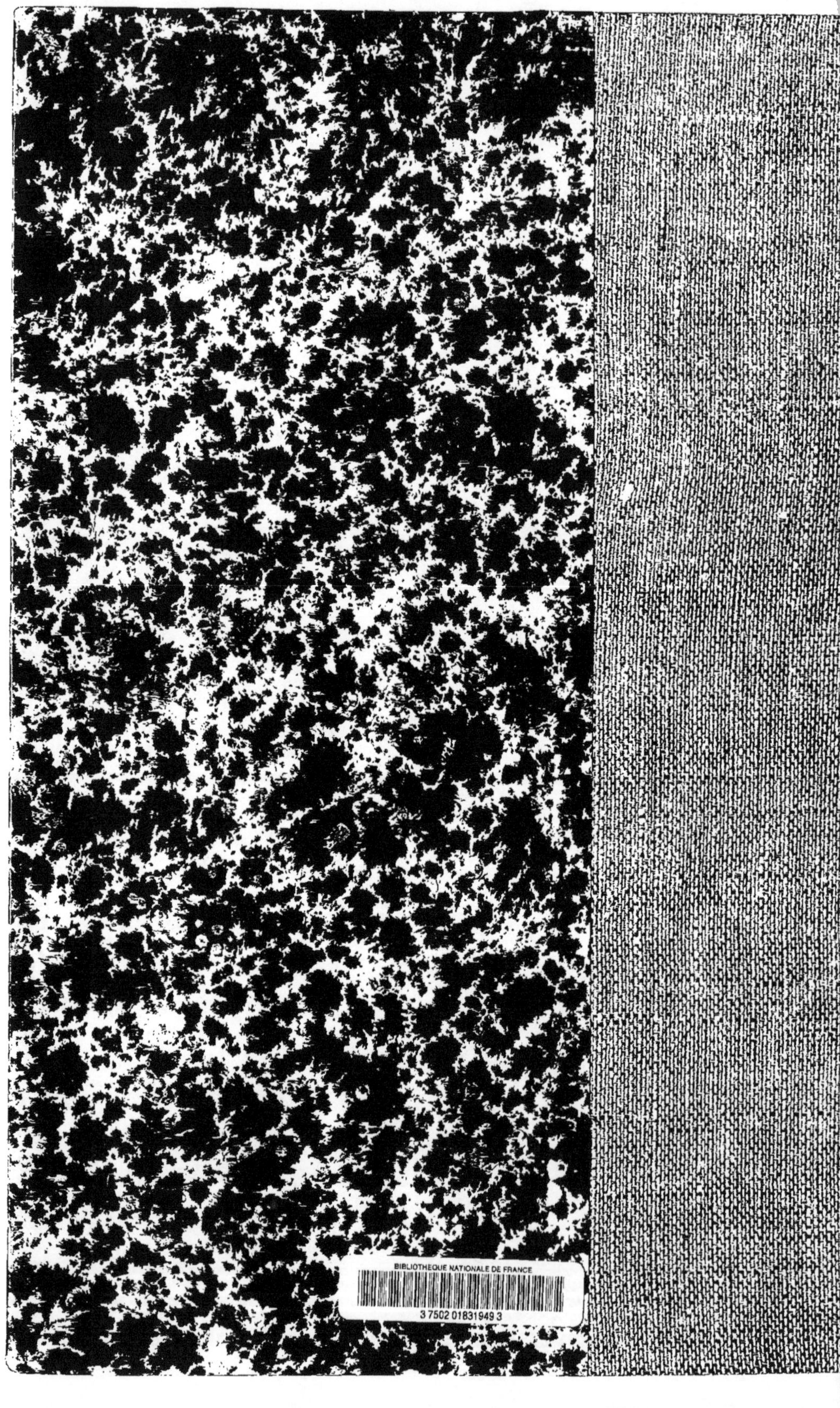

www.ingramcontent.com/pod-product-compliance
Ingram Content Group UK Ltd.
Pitfield, Milton Keynes, MK11 3LW, UK
UKHW012208240726
13966UKWH00002B/639

9 782011 915429